THE WORLD FESTIVAL GUIDE
海外の音楽フェス完全ガイド

著　津田昌太朗

フェスティバルに行くと決めた
その瞬間から、
僕の旅は始まっている。

はじめに

どのルートでその街に向かおう?
この旅の先には、どんな出会いが待っているだろう?

想像力を働かせ、旅先に思いを馳せることは
何度旅に出ても変わることのない、幸せな妄想だ。

僕は必ず、フェスティバルの前後で近くの街に滞在する。
フェスティバルとあわせて、その土地の空気を肌で感じたいから。

それが僕の「フェス×旅」のスタイル。

想像もつかないワクワクから
普通の旅では味わえない不安まで、
すべてをカバンに詰め込んで、
僕はいつも旅に出る。

飛行機や列車を乗り継いで、
目的地に近づいていくと、
どこか似た雰囲気を身にまとった
「仲間」が、どこからともなく増えてくる。

世界中から集まってくる仲間と
開催前に高まる気持ちを共有し、
笑顔を交わすのもフェスティバルの醍醐味だ。

さあ、フェスティバルが始まる。

リストバンドをつけてゲートをくぐると、
まるで別の国に入る時のような、
特別な高揚感が身体を包む。

遠くで鳴っていた音楽や人々の歓声が、
少しずつ鮮明に聴こえ始める。

ステージへと急ぐ人、
ゆったりと自分の時間を過ごす人、
お酒を片手に友人と語らう人、
昼間からぐっすり眠っている人。

ここでは何にも縛られないし、
誰かに何かをいわれることもない。
思い思いに、贅沢に時間を過ごせばいい。

はじめに

はじめに

興奮、感動、出会い、別れ。
フェスティバルが終わりに近づいていくと、
どこか切ない感情におそわれるけれど、
非日常体験から受けとったエネルギーが、
また翌日からの日常に活力をあたえてくれる。

わずか数日の旅が、次の1年を頑張るモチベーションになるし、
僕の場合は人生が変わるほどの体験になってしまった。

本書は、フェスティバルに魅せられ、
フェスティバルにすべてを注いだ男、
津田昌太朗の人生が詰まった本。

きっとあなたがまだ知らない
「フェス×旅」の素晴らしさをお伝えします。

津田昌太朗

著者プロフィール
津田昌太朗 Shotaro Tsuda
1986年兵庫県生まれ。大学卒業後、広告代理店に入社。「グラストンベリー」がきっかけで会社を辞めイギリスに移住。海外フェスを横断する「Festival Junkie」プロジェクトを立ち上げ、これまで参加した海外フェスは100を越す。現在は、日本国内の音楽フェス情報サイト「Festival Life」、海外フェス情報サイト「feslavit」を運営。雑誌連載やラジオ番組のパーソナリティなど、フェスカルチャーを様々な角度から発信し続けている。

Contents

はじめに		4
コンテンツ		10
フェス用語集		14
アメリカ	コーチェラ・ヴァレー・ミュージック・アンド・アーツ・フェスティバル	20
ベルギー	トゥモローランド	32
イギリス	グラストンベリー・フェスティバル	42
スペイン	ソナー・ミュージック・クリエイティビティ・アンド・テクノロジー	52
アメリカ	ガバナーズ・ボール・ミュージック・フェスティバル	62

Festival Fashion Snap 72

アメリカ	ウルトラ・ミュージック・フェスティバル	74

KSUKEインタビュー 80

アメリカ	ロラパルーザ	82
	サウス・バイ・サウスウエスト	88
イギリス	ベスティバル	94
ハンガリー	シゲト・フェスティバル	100
デンマーク	ロスキレ・フェスティバル	106
香港	クロッケンフラップ・ミュージック・アンド・アーツ・フェスティバル	112

コムアイ(水曜日のカンパネラ)インタビュー 118

アメリカ	ボナルー・ミュージック・アンド・アーツ・フェスティバル	120
	バーニング・マン	122
	エレクトリック・デイジー・カーニバル	124
	ホーリー・シップ!	126
イギリス	レディング・アンド・リーズ・フェスティバル	128
	ブームタウン・フェア	130
	アイル・オブ・ワイト・フェスティバル	132
ポルトガル	ブーム・フェスティバル	134
タイ	ワンダーフルーツ	136

Festival Goods 138

America & Canada

アメリカ	クロスド・フェスティバル	
	ビヨンド・ワンダーランド	
	ニューオーリンズ・ジャズ・アンド・ヘリテッジ・フェスティバル	**140**
アメリカ	ライトニング・イン・ア・ボトル	
	ローリング・ラウド	
	ハングアウト・ミュージック・フェスティバル	
	ボストン・コーリング・ミュージック・フェスティバル	**141**
アメリカ	ファイアフライ・ミュージック・フェスティバル	
	サマーフェスト	
	エレクトリック・フォレスト	
	ピッチフォーク・ミュージック・フェスティバル	**142**
アメリカ	パノラマ・ニューヨークシティ・ミュージック・フェスティバル	
	アウトサイド・ランズ・ミュージック・アンド・アーツ・フェスティバル	
	アフロパンク・フェスト・ブルックリン	
	エレクトリック・ズー	**143**
アメリカ	カブー・デルマー	
	ライフ・イズ・ビューティフル・ミュージック・アンド・アーツ・フェスティバル	
	オースティン・シティ・リミッツ・ミュージック・フェスティバル	
	カル・ジャム	**144**
アメリカ	ヴードゥー・ミュージック・アーツ・エクスペリエンス	
	キャンプ・フロッグ・ノー・カーニバル	
	スノーグローブ・ミュージック・フェスティバル	
カナダ	ミューテック・モントリオール	**145**

Europe

イギリス	ザ・グレート・エスケープ・フェスティバル	
	ウィー・アー・フェスティバル	
	オール・ポインツ・イースト	**148**
イギリス	フィールド・デイ	
	パークライフ	
	ダウンロード・フェスティバル	
	ワイヤレス・フェスティバル	**149**
イギリス	ブリティッシュ・サマー・タイム	
	ラブボックス	
	トランスミット・フェスティバル	
	ラティテュード・フェスティバル	**150**
イギリス	ウォーマッド	
	メルトダウン・フェスティバル	
	グリーンマン・フェスティバル	
	クリームフィールズ	**151**

イギリス	ノッティングヒル・カーニバル	
	エレクトリック・ピクニック	
フランス	フェット・ド・ラ・ミュージック	
	レ・ユーロケン	152
ドイツ	ロック・アム・リング / ロック・イム・パルク	
	フュージョン・フェスティバル	
	メルト・フェスティバル	
イタリア	ロック・イン・ローマ	153
オランダ	ベスト・ケプト・シークレット	
	ピンクポップ	
	デフコン.1 フェスティバル	
	デクマンテル・フェスティバル	154
オランダ	ミステリーランド	
	アムステルダム・ダンス・イベント	
	ル・ゲス・フー?	
スイス	モントルー・ジャズ・フェスティバル	155
スペイン	プリマヴェーラ・サウンド	
	マッド・クール・フェスティバル	
	ビルバオ・ビービーケー・ライブ	
	ベニカシム・フェスティバル	156
ポルトガル	ノス・アライブ・フェスティバル	
	ザ・ビーピーエム・フェスティバル	
ベルギー	ロック・ウェルフテル	
	ブッケルポップ	157
オーストリア	スノーボミング	
ポーランド	オープナー・フェスティバル	
	オフ・フェスティバル	
チェコ共和国	カラーズ・オブ・オストラヴァ	158
ハンガリー	オゾラ・フェスティバル	
クロアチア	ハイドアウト・フェスティバル	
	ディメンションズ・フェスティバル	
	アウトルック・フェスティバル	159
マルタ	アニー・マック・プレゼンツ・ロスト・アンド・ファウンド・フェスティバル	
セルビア	イグジット・フェスティバル	
ブルガリア	メドウ・イン・ザ・マウンテン	
フィンランド	フロー・フェスティバル	160
ノルウェー	オイヤ・フェスティバル	
スウェーデン	ウェイ・アウト・ウエスト	
アイスランド	シークレット・ソルスティス	
	アイスランド・エアウェイブス	161

Asia & Oceania

オーストラリア	セント・ジェロームズ・レーンウェイ・フェスティバル	
	スプレンダー・イン・ザ・グラス	
	フォールズ・フェスティバル	162
シンガポール	イッツ・ザ・シップ	
	ズークアウト	
マレーシア	グッド・バイブス・フェスティバル	
インド	サンバーン・フェスティバル	163
インドネシア	ウィー・ザ・フェスト	
	ジャカルタ・ウェアハウス・プロジェクト	
タイ	エスツーオー・ソンクラーン・ミュージック・フェスティバル	
	ビッグ・マウンテン・ミュージック・フェスティバル	164
フィリピン	ワンダーランド・ミュージック・アンド・アーツ・フェスティバル	
ベトナム	エピゾード・フェスティバル	
大韓民国	ソウル・ジャズ・フェスティバル	
	インチョン・ペンタポート・ロック・フェスティバル	165
モンゴル	プレイタイム・フェスティバル	
中華人民共和国	ストロベリー・ミュージック・フェスティバル	
台湾	メガポート・フェスティバル	
	オーガニック・フェスティバル	166

Other Locations

ブラジル	ロック・イン・リオ	
メキシコ	コロナ・キャピタル	
モロッコ	マワジン・フェスティバル	167

How to	フェスの探し方	168
	手配の進め方(チケット)	170
	旅程の立て方(宿泊・アクセス)	172
	快適な過ごし方(必需品・服装)	174
	よくあるQ&A	176

この本に出てくるフェス用語をチェック！

Festival Words

出演アーティスト編

HEADLINER
ヘッドライナー
その年に出演する目玉アーティストのこと。ヘッドライナーを置かない（発表に差をつけない）フェスもある。EDC（P.124）では出演アーティストに加えて「The Most Important Headliner of All, You!（一番重要なヘッドライナーはあなたです!）」と毎年発表される。

LINE-UP
ラインナップ
フェスの出演者のこと。フェスによっては、PROGRAM（プログラム）と表記されることもある。日本のフェスと違って、その年の出演者が一気に発表されるのが一般的。

ACT
アクト
出演者のステージ内容を指す。「Which one was the best act, today?（今日は誰のステージが一番よかった?）」といった意味合いで、参加者同士で語り合うのも面白い。

LEGEND
レジェンド
直訳すると「伝説」だが、古くから活躍する超大物のことを指し、数十年ぶりの再結成などが実現することもある。グラストンベリー（P.42）では、毎年レジェンド枠が発表され、2019年は、1980年代から活躍するオーストラリアのシンガー、Kylie Minogueが選ばれた。

CURATOR
キュレーター
フェス出演者を選ぶ人のことで、アーティストがキュレーターとなって開催されるフェスも多い。有名どころだと、メルトダウン・フェスティバル（P.151）では毎年キュレーターが変わり、最近だと、M.I.A.やThe CureのRobert Smithがキュレーターを務めた。

TIME TABLE
タイムテーブル
アーティストの出演する時間とステージがまとめられたもの。フェスによってはSET TIMES（セットタイムズ）と表記されることもある。ヘッドライナー級のアーティスト同士が重なるなど、残酷なタイムテーブルになることも海外フェスだとよくある。

TBA
ティー・ビー・エー
「To be announced」の頭文字をとったもので、今後発表されることを意味する。当日までタイムテーブルなどにTBAと記載されている場合は、スペシャルゲストやシークレットアクトなどの可能性も。

SET LIST
セットリスト
ライブの演奏曲順がまとめられたもの。Setlist.fmというウェブサイトではライブ終了後にファンが最新のセットリストを更新していたりする。ライブ終了後にステージ前方にいると、アーティストが実際に使用した紙のセットリストがもらえることもある。

LIVE STREAMING
ライブストリーミング
インターネット上で観られるライブ中継のこと。コーチェラ（P.20）、ロラパルーザ（P.82）など、大規模フェスの中継が有名。アーティストの許諾問題などもあり、大物のライブが配信されないこともあるが、海外フェスの雰囲気を掴むのには最適。

事前準備編

EARLY BIRD
アーリーバード
もともとは「早起きする人」を意味する言葉だが、フェスではチケット購入の「早割」を意味する。少しでも安く買いたいならアーリーバードで購入するのがおすすめだが、ラインナップが発表されていないケースもあり博打的なところもある。

GENERAL ADMISSION
ジェネラルアドミッション
スポーツ観戦などでは自由席を意味するが、フェスではそもそも指定席という概念がほとんどないので、一般的なチケットを指す。GAと略して表記される。

VIP TICKET
ヴイ・アイ・ピー・チケット
専用のテラス席やトイレ、その他優先レーンなどが用意されているチケット。一般チケットに比べて値段は高いが、はじめての海外フェスで不安が多い場合は購入を検討するのもあり。

ACCOMMODATION
アコモデーション
宿泊のこと。公式サイトなどでこの言葉が書かれていると、ホテル、キャンプサイトなどの宿泊についての情報が記載されている。分かりやすく「STAY」と記載されていることも。

COACH コーチ	シャトルバスと同義で、最寄りの街や駅からフェス会場まで走っているバスのこと。主にイギリスで使われる。バスの発着所は、「COACH STATION」や「BUS STOP」と表記されている。
AFTER MOVIE アフタームービー	フェス終了後しばらくして公開されるフェスの会場風景やライブの様子がまとめられた動画のこと。トゥモローランド（P.32）などでは再生回数が1億回を超えるものもある。フェスの雰囲気を掴むために、事前にチェックしておきたい。
OFFICIAL APP オフィシャルアプリ	フェスが提供するスマートフォンのアプリ。開催前にリリースされる。出演アーティストのタイムテーブル、会場地図、フェスによってはグッズの最新情報が掲載されるので、事前にダウンロードしておきたい。

フ ェ ス 会 場 編

WILL CALL ウィルコール	事前に購入したチケットをイベント当日に窓口で受け取る仕組みのこと。購入記録のあるメールや、パスポートなどの身分証明書を提示してチケットを受け取る。その場でリストバンドがもらえる場合もあるが、リストバンド引換所が別に用意されているパターンもある。
WRISTBAND リストバンド	フェス参加者が手首に巻きつけるバンドで、会場に入ってからはチケット購入の証明になる。布製のものや紙製のものがあり、チケットの券種によって色が違う。スタッフにきつく締められる場合もあるが、フェス終了後に切らずに保存したい場合は、ゆとりを持って巻くといい。最近はICチップが埋め込まれた、お金をチャージできるタイプも増えている。
TOP-UP トップアップ	現金チャージのこと。現金が使えないフェスもたまにあり、専用のカードやリストバンドのICチップにお金をチャージしないと会場内の食事や物品が購入できないことも。会場内にチャージや、Refund（返金）ができる場所がある。
TOKEN トークン	フェス会場で使える専用チケットやコインのこと。トークンが発行されている場合は現金が使えないことが多いので、事前に使う分をエントランス付近の換金所で交換する必要がある。金銭感覚がつかめず使い過ぎてしまうことがあるので注意。
VENUE ベニュー	一般的には「会場」という意味だが、都市型フェスではライブハウスやクラブ、野外フェスでは、ライブエリアやステージを指すこともある。
INFO インフォ	フェス会場での「INFO」は案内窓口・カウンターのこと。基本的にはスタッフが常駐している。何か困ったことがあった際は、訪ねてみよう。
LOST & FOUND ロスト&ファウンド	落とし物受付所のこと。財布やスマートフォンが大量に届けられており、落としたものの特徴を伝えて確認してもらう。
MERCHANDISE マーチャンダイズ	フェス関連のグッズが買えるブース。日本のフェスと比べると並ぶことは少ないが、商品が少なくサイズが売り切れということもあるので、お目当ての商品がある場合は早めに購入しておこう。
CAMP SITE キャンプサイト	フェス会場内、もしくは隣接した場所にあるテントを張って過ごすことができるエリア。フェスによっては、入場料にキャンプサイト利用料が含まれている場合と、別途利用料を払う場合がある。海外フェスのキャンプサイトは騒がしいことも多いが、サイレントエリアや騒ぐ若者の少ない有料エリアなどもある。
BOOTH ブース	企業や飲食店が構える小さなお店やコーナーのこと。企業ブースではキャンペーンでグッズが配られていたり、ワークショップなどができるのでぜひ覗いてみよう。
WATER REFILL ウォーターリフィル	給水所のこと。マイボトルを持参すれば、飲用可能な水を無料で補充することができる。
TRASH / RUBBISH トラッシュ / ラビッシュ	ゴミのことをアメリカではトラッシュ、イギリスではラビッシュと呼ぶことが多い。日本のフェスと比べると、ゴミをそのままにしている光景をよく見かけるが、自分の出したゴミはちゃんとゴミ箱に捨てよう。ゴミ箱は「Trash can」「Rubbish bin」と呼ばれる。
DONATION ドネーション	海外ではドネーション（寄付）が一般的で、環境活動や慈善活動の他、フェスを継続するための資金としての寄付を募っていることもある。チケット購入の際に、金額を上乗せして寄付ができる場合もある。
AFTER PARTY アフターパーティー	フェス終了後に行われるパーティーのこと。都市型フェスに多く、会場近くのクラブやバーで開催されることが多い。昼間に出演したアーティストが遊びに来たり、ライブを行うこともある。

"GREATEST ENTERTAINMENT"

フェスティバルの正体は、
単なる巨大なライブでも、
ただのパーティーでもない。
ほんの数日の間だけ、
非現実の世界を具現化させた
最高峰のエンターテインメント。
フェスは人類がつくり出した、
最も偉大な発明なのかもしれない。

"GOOD MUSIC & AUDIENCE"

日本では味わえないライブでの一体感。
一生に一度あるかないかの豪華コラボやサプライズの数々。
大好きなアーティストが日本に来てくれないと嘆くなら
その愛情をガソリンにして、こちらから出向けばいい。
さらにその国や土地ならではの、新しい音楽にも出合えるチャンス。
世界中から集まった観客とともに、最高の雰囲気のなかで音楽を楽しみたい。

"TRUE FREEDOM"

どんな音楽を楽しもうが、どんな格好をしようが、
誰と一緒に時間を過ごそうが、すべてはあなたの自由。
好きな時に起きて、食べて、踊って、眠るだけ。
ここでは、年齢も、性別も、宗教も、人種も関係ない。
自分が信じるもの、愛するものを
堂々と表明できる本当の自由がここにはある。

"BEYOND GENERATION"

海外フェスに行くと、老若男女が年齢に関係なく、
朝から晩まで楽しんでいる姿に驚かされる。
日本では若者のカルチャーというイメージがあるけれど、
海外では幅広い世代が、家族や仲間と集まって、時間を過ごす。
音楽を楽しみたいという純粋な想いがあれば、
フェスに「卒業」なんてない、と教えてくれる。

All photos by
©rockstarphotographers (Sziget Festival)

"IN THE NATURE"

大好きな音楽を聴きながら、
ビーチや芝生の上に寝転がってふと空を眺める。
沈んでいく太陽や、満天の星空に想いを馳せる。
自然を感じながら一日を過ごすと、
普段考えていなかったことや、
思いつかなかったことがふと浮かんでくる。
コンクリートジャングルの生活で
忘れかけていた感性を、再び取り戻していく。

"CULTURE WONDERLAND"

音楽はもちろん、アート、フィルム、フード……。
フェスはその国ならではの様々な文化や
新しい価値観にも出合うことができる場所。
その国のことやそこで暮らす人のことを理解したいなら
海外フェスに参加するのが一番早いかもしれない。
ようこそ、多文化が入り混じるワンダーランドへ！

All photos by ©rockstarphotographers (Sziget Festival)
Except The Last Tsuda's Photo

"UNITE FOREVER"

そこにいるのは、フェスの世界観に共感し、
世界各国から集まった者同士。
気の合う一生モノの仲間に出会えることだってある。
フェスは数日で終わってしまうけれど、築いた友情は終わらない。
また次の場所で会おうと約束し、それぞれの国へと帰っていく。

音楽&ファッションのトレンドは
ここを押さえておけば間違いなし!

コーチェラ・ヴァレー・ミュージック・アンド・アーツ・フェスティバル

Coachella Valley Music and Arts Festival

Indio, California, United States

©Courtesy of Coachella

ABOUT FESTIVAL

豪華アーティストの共演に涙腺崩壊！
これぞアメリカのエンターテインメント

アメリカ、いや世界で最もホットなフェスと言っても過言ではないコーチェラは、カリフォルニアで毎年4月中旬に、2週にわたって開催される。1997年にスタートしたこのフェスは、インディー・ロックを中心としたラインナップで人気を博してきたが、昨今はジャンルに囚われない豪華なラインナップでさらに人気が爆発。過去にはMadonnaやPrinceといった、フェス出演が珍しい超大物アーティストの招致に成功。最近では、他の大型フェスに先んじて、Drake、Calvin Harrisをヘッドライナーに抜擢するなど、オールジャンルのフェスとしてファンを魅了し続けている。また会場には、豪華セレブやファッション関係者が多く訪れ、思わず自分もパパラッチになってしまうほど！会場となるコーチェラ・ヴァレーは、ロサンゼルスから車で3時間程度のパームスプリングスというリゾート地の近くにあり、この時期の最高気温は30℃を超す。西海岸らしい乾いた空気と一面に広がる青い空。日本だとまだまだ肌寒い4月に一足先に夏フェス気分を満喫できるのもコーチェラの魅力。ライブの様子がストリーミング配信されることもあり、日本での知名度も高い。

©Courtesy of Coachella

©Larry Busacca / Getty Images

COLUMN
Destiny's Childの再結成など
話題に事欠かない豪華サプライズ！

2017年には、Beyoncéの出演が発表されていたが、本人の妊娠に伴い、急遽出演がキャンセルに。その代打として出演することになったのが、なんとLady Gaga！ この信じられないブッキングこそコーチェラの凄さを物語っているわけだが、そんなGagaは、ステージ上でヘッドライナーに選ばれたことへの喜びを熱く語り、自身の歴史を振り返るMCで多くの観客を魅了した。また、ライブで披露した新曲を、その後すぐにストリーミング配信し、話題を集めたが、これもまた影響力抜群のコーチェラでこそ成り立つプロモーションだ。ちなみに、当のBeyoncéは1年後、満を持してコーチェラのステージに登場。ここで旦那のJay-Z、実妹のSolange、さらにはKelly RowlandとMichelle Williamsもゲスト参加し、あの世界最強のガールズグループといわれたDestiny's Childが復活！ 音楽の歴史の1ページをコーチェラが書き換えたと言っていいだろう。そんな奇跡が毎年起こる場所……。だから僕は、毎年あの場所に帰りたいと思うのだ。

©Courtesy of Coachella

©Courtesy of Coachella

©Courtesy of Coachella

©Courtesy of Coachella

©Courtesy of Coachella

Information

Schedule | スケジュール
4月中旬
（2019年は4月12日〜14日、
4月19日〜21日）

Venue | 開催地
Empire Polo Club

City & Country | 開催都市・開催国
Indio, California, United States

Artist | 最近の出演アーティスト
Childish Gambino, Tame Impala, Ariana Grande, Beyoncé, Eminem, The Weeknd, Lady Gaga, Kendrick Lamar, Radiohead

Access | アクセス
日本から飛行機で約10時間。ロサンゼルス国際空港またはロサンゼルス市内から車で3時間程度。市内や空港近くでレンタカーを借りていくのが便利。空港から会場への直行バスも出ている。ロサンゼルスは渋滞が多いので、時間に余裕を持って行動するのがおすすめ。

Inn | 滞在スタイル
会場内でキャンプ泊可能。また会場の周辺にはホテルやAirbnbも充実しており、オフィシャル提携のホテルからは会場行きのシャトルバスが随時運行している。

Ticket | チケット
前年の夏に先行チケットが販売される。一般チケットの販売は年明けから。宿泊付きチケットは比較的入手しやすい。

Website | ウェブサイト
www.coachella.com

SHOTARO'S ADVICE

海外フェスに興味を持ったら、まずは参加を検討してほしいのがコーチェラ。ロサンゼルスの国際空港からパームスプリングスまでの直通バスもあるし、レンタカーもすぐに借りられるので、アクセスは簡単。オフィシャルパッケージや日本からのツアーも組まれていて、参加へのハードルは比較的低めだが、得られる感動はケタ違い！アルバムリリース直後のKendrick Lamar（2017年）や、全世界から絶賛されたBeyoncé（2018年）のパフォーマンスなど「さすがアメリカ！これぞアメリカ！」と毎年思わせてくれる。初海外フェスに迷ったらまずはコーチェラで間違いないと、世界中のフェスを見てきた僕が約束しよう。

TOWN GUIDE

Los Angeles

LOS ANGELES: 1

いたるところにミュージック・ラバーの聖地が！

ダウンタウンにあるグラミー・ミュージアムは、グラミー賞にまつわる300以上の展示物が楽しめるので、ロサンゼルスを訪れた際には必ず立ち寄っておきたい。またハリウッドのサンセット通り沿いにある「Amoeba Music」も、音楽好きなら、必ず訪れておきたいレコードショップのひとつ。その通りをそのまま西に車で10分程度走らせたところにある「Whiskey a Go Go」、「Roxy Theatre」は地元民にも愛されている老舗ライブハウス。さらにその近くのバー＆レストラン「Rainbow」は、多くのミュージシャンが訪れることで有名。常連だったMotörheadのLemmy（2015年没）の像が建てられており、ファンの撮影スポットにもなっている。

LOS ANGELES: 2

今、LAで一番ヒップな街シルバーレイクへ行ってみよう！

おしゃれなショップやレストランが立ち並び、ここ数年注目されているエリアがシルバーレイク。古着屋、ライブハウス、レコードショップも多く、散歩しながらふらりと店に立ち寄ってみると意外な掘り出し物があるかも！他には、2015年にオープンしたセレクトショップ「Virgil Normal」や、地元で人気のジュースショップ「Moon Juice」もおすすめ。どちらもシルバーレイクらしいローカルの雰囲気を味わえる。

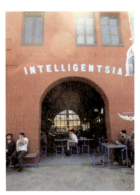

LOS ANGELES: 3
メルローズは世界一の
フォトジェニックスポット

フォトジェニックな建物やストリートアートが通り沿いに並ぶ「メルローズ・アヴェニュー」は、ロサンゼルスの人気観光スポットのひとつ。車で通るだけではもったいないので、ぜひ通りをゆっくりと歩いてみよう。ウォールアートは頻繁に上書きされるが、一面ピンクのPaul Smithの店舗、Colette Miller作の天使の羽、Banksy作品などが有名。コーチェラの開催期間中は、出演アーティストのグラフィティ広告が描かれていることもあるので、歩きながらチェックしてみてほしい。お腹が減ったらメルローズ名物の「Pink's Hot Dogs」へ！

LOS ANGELES: 4
西海岸の海沿いで
サンセットを見ながらチルアウト

空港からも近いので、到着または帰国のタイミングにあわせて立ち寄りたいのが海沿いのサンタモニカとベニスビーチ。サンタモニカビーチには、桟橋や遊園地、レストランがあり、多くの観光客で常に賑わう。夕方には海に沈む夕陽をビーチから眺めるのもおすすめ。最近はベニスビーチ方面に話題の店が増えてきたので、サンタモニカから海沿いを歩いてみるのもあり。また海沿いには「Hotel California」というホテルがあるが、ここはThe Eaglesとは関係なく、楽曲のモデルになったのは、ビバリーヒルズにある別のホテル。

TOWN GUIDE

Palm Springs

PALM SPRINGS: 1
有名アーティストの
CDジャケットの世界へ

1987年リリースのU2のアルバム『The Joshua Tree』のアルバムジャケットにもなったジョシュア・ツリー国立公園はコーチェラ会場から車で数十分の場所にある。公園内にはキャンプエリアもあり宿泊も可能。

PALM SPRINGS: 2
インスタ映えの聖地的アートスポット

コーチェラ会場から車で1.5時間程度の場所にあるサルベーションマウンテンは、アーティストのLeonard Knightが30年かけて制作したアート作品。「GOD IS LOVE」をテーマに、カラフルに彩られた丘が、砂漠の中に突然出現！コーチェラ期間中には午前中を中心に多くの人々が訪れる。

PALM SPRINGS: 3
絶対的人気ホテルは
パーティーも盛りだくさん

コーチェラ会場近くの「Ace Hotel Palm Springs」は、普段からローカルのアーティストやクリエイターに人気のホテル。コーチェラ開催中は世界中から宿泊予約が殺到する。エースホテル以外でも、会場近隣では、コーチェラに関連したパーティーが行われており、チケットを購入すれば入れるものもある。パーティーが行われるホテルに宿泊したいなら、フェスのチケットとあわせて早めに予約しよう。

TOWN GUIDE

San Diego & San Francisco

コーチェラ前後に寄りたい魅力的な街

www.visitcalifornia.jp（カリフォルニア観光局）

SHORT TRIP: 1

サンディエゴ

全米で最も気候が良いといわれるサンディエゴは、西は太平洋、南はメキシコに隣接した海沿いの都市。ロサンゼルスからは車で2時間程度の距離なので日帰りでの観光も可能。春と秋には新鋭のEDMフェス、クロスド・フェスティバル（→P.140）、9月にはビーチ沿いで都市型フェス、カブー・デルマー（→P.144）が開催される。

SHORT TRIP: 2

サンフランシスコ

ロサンゼルスから飛行機で1時間半、車で6〜7時間ほどの場所にある世界屈指の観光都市サンフランシスコ。1960年代にヒッピーやロックコンサート、サマー・オブ・ラブの拠点だったこともあり、自由な気風が特徴で、世界最大・最古のゲイ・パレード「サンフランシスコ・プライド」も開かれている。8月にはコーチェラと並ぶ大規模な野外フェス、アウトサイド・ランズ（→P.143）が開催される。

カリフォルニアでは車移動が必須。2pac feat Dr.Dreの「California Love」を流して西海岸気分を満喫しよう！

まるでダンスミュージックのW杯！
大人のための超巨大遊園地

トゥモローランド
Tomorrowland

Boom, Belgium

ABOUT FESTIVAL
2週連続開催に拡大し、動員数は40万人を記録！

トゥモローランドが産声を上げたのは2005年。ベルギーの小さな町ボーム（会場は今も変わらない）で、当時はまだ観客1万人程度の小規模フェスに過ぎなかったが、徐々に規模を拡大。さらに2011年から毎年ストーリーに沿ったステージ装飾や舞台演出を行うようになり、独自の世界観を確立。EDMの世界的な流行とともに、非日常のファンタジーを体験できるフェスとして人気に火がついた。2013年には、約18万枚のチケットがわずか35分で完売するという激しいチケット争奪戦が話題になった。そんななか、2014年には10周年を記念し、この年限りで2週連続開催を敢行。さらに2017年からは正式に2週連続開催となり、毎年40万人が来場する世界最大規模のフェスとなった。自国の国旗を身に纏う参加者が多く、メインステージで様々な国旗が掲げられている光景は、まるでダンスミュージックのW杯！実際に2018年の開催時期はW杯直後だったため、フランス人が誇らしげに国旗を掲げて会場を闊歩していた。また2019年からはフランスの雪山を舞台にした「Tomorrowland Winter」もスタートした。

©Tomorrowland

COLUMN
見たら行きたくなる度100％！
もはや映画級のアフタームービー

トゥモローランドが世界中で爆発的に人気になったのは、間違いなくアフタームービーの存在が大きい。他のフェスと比べても圧倒的に完成度が高く、まるで映画を見ているかのような興奮を覚えさせてくれる。1億回以上再生された年もあり、DJがプレイしている様子はもちろん、観客や様々なエリアも紹介されている。近年では珍しくなくなったが、リアルタイムでの配信も早い時期から導入しており、とにかく太っ腹なフェス。ただし、これらのクオリティの高い映像をいくらチェックしていても、現地で壮大なセットや豪華な演出を生で観た時の衝撃には到底かなわない。世界中の音楽フェスに参加してきたが、トゥモローランドはまさに唯一無二。確実に死ぬまでに体験しておくべきフェスのひとつである。

Information

Schedule | スケジュール
7月下旬
（2019年は7月19日〜21日、
7月26日〜28日）

Venue | 開催地
De Schorre

City & Country | 開催都市・開催国
Boom, Belgium

Artist | 最近の出演アーティスト
Alesso, Armin van Buuren,
Carl Cox, The Chainsmokers,
David Guetta, Martin Garrix,
Nina Kraviz, Steve Aoki,
Richie Hawtin

Access | アクセス
日本から飛行機で約12時間。ブリュッセル国際空港から市内まで電車で約20分。市内から会場までは有料のシャトルバスが随時運行している。会場までは約1時間。

Inn | 滞在スタイル
DreamVilleと呼ばれるキャンプサイトに宿泊するか、バスで1時間程度で市内に戻れるので日帰り参加も可能。DreamVilleには飲食店やスーパーマーケットもある。

Ticket | チケット
2月に販売開始となるが事前登録が必須。チケットはすぐに売り切れてしまうので、割高にはなるが完売後に二次流通サイトで購入する人も多い。

Website | ウェブサイト
www.tomorrowland.com

SHOTARO'S ADVICE

トゥモローランドの世界観をとことん味わいたいなら、オフィシャルツアーを販売するGlobal Journey社の「フライト・パッケージ」や「トレイン・パッケージ」も検討してみてほしい。各国からフェスに向かう人だけの専用飛行機や電車が用意され、移動中にDJが入ることもある。前後の時間を楽しめるだけでなく、参加している世界中のフェス仲間と友達になれることも。フェスで知り合った仲間を訪ねてその国のフェスに行ったり、日本で歓迎したりと、そうした出会いを楽しむのもまたフェスの魅力のひとつ。物怖じせずに参加してみると新しい出会いがあるはず！

TOWN GUIDE

Brussels & Antwerp

BRUSSELS: 1
街のど真ん中にある、「世界一美しい広場」

ブリュッセルに着いたらまず訪れたいのが、街の中心地にあるグラン・プラス。市庁舎などの歴史ある建物に囲まれた荘厳な空間は、世界で最も美しい広場と言われ、世界遺産にも登録されている。花市や野外コンサートが定期的に開催され、トゥモローランドの前夜祭がここで行われることもある。また偶数年の8月中旬には、広場全体にベゴニアの花が敷き詰められ、75m×24mの巨大なフラワーカーペットが登場する。色鮮やかな花が楽しめる昼はもちろん、ライトアップされた夜景も必見！

BRUSSELS: 2
2,000種類以上のビールを堪能！

ベルギーといえば、なんといってもベルギービール。もちろんフェス会場内でもビールは買うことができるが、値段も高い上に種類も多くないので、街中でビールを堪能して、テンションを上げてから会場に向かうのもあり。ブリュッセルにいると、フェスに参加しそうな人をたくさん見かけるので、情報交換しながら一緒に飲むのも楽しい。おすすめのお店は、グラン・プラス近くの「Délirium Café」。日本にも出店しているが、ブリュッセル本店のビールの種類は桁違い。酔っ払ってフェスに行けないなんてことがないよう、飲み過ぎには注意！

BRUSSELS: 3
世界一のフリット＆スイーツで腹ごしらえ

世界中を旅して、いろんなものを食べてきたが、フレンチフライ（現地ではフリットと呼ばれる）に関しては、間違いなくベルギーが世界一。ベルギーのフェスに行くと必ずフリットの屋台が出ているので、ぜひ試してほしい。もちろん街なかのお店も絶品で、おすすめは、地元民にも人気の「Frit Flagey」。フリット以外も美味しいお店が多く、必ず訪れるのは、「Chez Leon」という老舗レストラン。ここのムール貝は一度は味わっておきたい。夜は混むので早めの時間が狙い目。お腹を満たした後は、チョコレートやワッフルのお店でデザートも堪能しよう。

ANTWERP
会場から一番近い街は、ファッション好きの聖地

トゥモローランドにはブリュッセルから向かう人が多いが、実は会場となるボームから一番近い観光地はアントワープ。ベルギーはもちろん、ヨーロッパの都市の中でも、最もファッショナブルと称されるアントワープに滞在してからフェスに参加するのもおすすめ。アニメ『フランダースの犬』に登場したアントワープ聖母大聖堂や、建物自体が個性的な複合ミュージアム「MAS」は定番の観光スポット。さらにファッションの殿堂モードナシーにあるモード博物館（MoMu）はファッション好きにとっての聖地。あわせて買い物も楽しみたい。

フジロックのモデルになった
世界最強の音楽フェス

グラストンベリー・フェスティバル
Glastonbury Festival

Pilton, United Kingdom

All Glastonbury Photos by ©Ai Matsuura

ABOUT FESTIVAL

100を超えるステージと
あらゆるカルチャーを楽しもう！

日本のフジロック・フェスティバルのモデルになったグラストンベリー・フェスティバルは、1970年から続く世界最大規模の音楽フェス。会場一帯は広大な牧草地で、そこに100を超えるステージが設置され、1,000を超すライブが行われる。メインとなるピラミッドステージは、これまで多くの大物がヘッドライナーを務めてきた聖域。Paul McCartney、The Rolling Stones、The Whoといったレジェンドから、最近では、AdeleやEd Sheeranといった錚々たるアーティストが歴史に残るライブを披露してきた。他のステージでも、国籍やジャンルにとらわれない様々なアーティストのライブが楽しめる他、映画、サーカス、キャバレーなど、多種多様なアトラクションやカルチャーが味わえる。過去には、ダライ・ラマ法王がステージに立ってメッセージを伝えたり、観客としてロイヤルファミリーが来場したりと、他のフェスでは考えられないことが次々と起こるのもこのフェスの醍醐味。4～5年間隔で芝を休ませるためフェスが開催されない年があり、2018年は休催となった。

COLUMN

ヘッドライナーは誰!?が、賭けの対象にもなる国民的関心事!

グラストンベリーのヘッドライナー予想は、ブックメーカーの賭けの対象になるほど関心が高い。過去にJay-Zが史上初のヒップホップアーティストとしてヘッドライナーに選ばれた際には、OasisのNoel Gallagherが、そのことを批判し、ファンを巻き込んだ議論に発展。Jay-Zはそれを逆手に取り、Oasisの代表曲「Wonderwall」を弾き語りしながら登場するという粋な演出で返した。最近だと、結成50周年を記念して出演したThe Rolling Stones(2013)や、ほとんどフェス出演のなかったイギリスの歌姫Adele(2016年)を抜擢。さらに、2015年は、Foo Fightersの直前キャンセルに伴い、The Libertinesが予告なしで登場。シークレットを守るため、当日ヘリコプターで現地入りするという、映画さながらの演出はもはや事件だった。他にも、RadioheadのThom Yorkeが夜の小さなステージにDJとして突然現れたりと、サプライズも規格外!イギリス特有のシンガロング(大合唱)とステージ前に大量の旗が並ぶ光景は、音楽ファンなら死ぬまでに一度は体験してほしい。

Information

Schedule | スケジュール
6月下旬
（2019年は6月26日〜30日）

Venue | 開催地
Worthy Farm

City & Country | 開催都市・開催国
Pilton, United Kingdom

Artist | 最近の出演アーティスト
Radiohead, Foo Fighters, Adele, Ed Sheeran, Muse, Coldplay, Florence + The Machine

Access | アクセス
日本から飛行機で約11時間半。ヒースロー空港からの会場への直行バスもある。ロンドン経由の場合は、ヒースロー空港から市内まで特急列車で約30分。市内から会場までは、車・バスで約3時間。電車だと会場最寄りのキャリーキャッスル駅まで約2時間。駅からは無料シャトルバスあり。

Inn | 滞在スタイル
キャンプサイト券などを購入する必要はなく、参加者は会場のいたるところでテントを張ることができる。事前に予約すれば、既設のテントやシャワー等の設備の整った有料エリアも利用できる。複数人参加であれば、値段も比較的手頃でシャワーなども充実している「Worthy View」というエリアがおすすめ。

Ticket | チケット
前年の10月に販売され、数十分で完売。4月にはキャンセル分の再販売が行われる。販売開始前に顔写真や住所などの事前登録が必須。日本まで郵送してくれるので日本の住所でOK。

Website | ウェブサイト
www.glastonburyfestivals.co.uk

SHOTARO'S ADVICE

まさに人生を変える体験をしたグラストンベリー。2013年に初めて参加した時にその世界観に圧倒され、少しでもグラストンベリーに近づくために、働いていた会社をやめ、イギリスへの移住を決意。そこから毎年欠かさずに参加しているが、行くたびに新しい出会いや発見があり、まだまだこのフェスのほんの一部しか知らないのだということに気づかされる。どんなに人から話を聞いて、写真や映像を観ようとも、そんなことではグラストンベリーの魅力の一部にしか触れられていない。実際にあの場所に立った人だけが感じられる感動を味わいに、ぜひ一度足を運んでみてほしい。もしかしたら人生を変える旅になるかも!?

TOWN GUIDE

London

LONDON: 1

良質なレコード屋をめぐるロンドンの旅

ロンドンを訪れたならレコード屋めぐりは必須。街の中心にあるソーホー地区を筆頭に良質なレコード屋がたくさんある。有名どころだと、ソーホー地区の「Phonica Records」「Sister Ray」「Reckless Records」、イースト・ロンドンのブリックレーンにある「Rough Trade East」など。ちなみにソーホー地区のバーウィック・ストリートは、Oasisの『Morning Glory』のジャケットにもなっている。個人的なおすすめは、ノッティングヒルの近くにある「Honest Jon's Records」。ジャズやレゲエなど、レアなレコードにも出会える。

LONDON: 2

ビートルズ気分で歩くロンドン

The Beatlesはリバプール出身だが、売れてからはロンドンに住んでいたので、ゆかりの場所が街じゅうに点在している。中心部から北にあるセント・ジョンズ・ウッド駅から歩いていけるアビー・ロードは、まず訪れておきたい定番スポット。他にもベイカーストリートには、ファン垂涎のグッズが揃うビートルズストア。ロンドン中心地には、彼らが最後にライブを行った屋上（アップルレコード跡地）も。それでも満足できなければ、電車に乗ってリバプールまで足を運ぶのもあり。

LONDON: 3
デヴィット・ボウイが生まれたサウス・ロンドン

以前は治安が悪いといわれていたサウス・ロンドンだが、最近では若いアーティストが多く移り住み、お洒落タウンとして有名になった。そんな街の出身者として最も有名なアーティストが2016年に亡くなったDavid Bowie。彼の肖像画が描かれた壁が地下鉄ブリクストン駅の目の前にあり、今なお多くのファンが訪れる聖地になっている。またブリクストンのみで使える地域通貨の10ポンド紙幣はDavid Bowieの顔がプリントされているので、記念に両替してみてもいいかも。

LONDON: 4
イーストでマーケットから夜遊びまで満喫!

古着屋やセレクトショップなどが集まるイースト・ロンドンも人気の観光地。ショアディッチにある「Goodhood」、「AIDA」は地元民にも人気のセレクトショップ。土日はリバプール駅近くのスピタルフィールズマーケットや、ブリックレーンのマーケットで雑貨や洋服など掘り出しものをゲットしよう。またクラブやライブハウスも多く、レコード店「Rough Trade East」はインストアライブがよく行われているし、オールドストリート駅近くの「XOYO」は個人的にお気に入りのクラブ。夜、遊び疲れた後にはブリックレーンの「Beigel Bake」でソルト・ビーフが詰まった、ベーグル・サンドで締めるのがロンドナーのベタな遊び方。

LONDON: 5
ハイドパークでタダ聴きフェス!?

過去には、The Rolling StonesがBrian Jonesの追悼コンサートを行った場所として有名だが、最近もBlurやThe Libertinesの復活ライブがが開催されるなど、数多くの歴史的ライブの舞台となってきたハイドパーク。そんな場所で、グラストンベリーとほぼ同時期に開催されるフェス、ブリティッシュ・サマー・タイム(→P.150)は超メジャーアーティストが毎年ラインナップされるのが特徴で、2018年はEric Clapton、Bruno Mars、2019年はCeline Dionらが出演。昼から多くのアーティストが登場し、公園中にライブの音が響き渡っているので、チケットを買わずに音漏れを楽しんでいる人も多い。

音楽とテクノロジーが融合した
世界最先端のフェスティバル

ソナー・ミュージック・クリエイティビティ・アンド・テクノロジー
Sónar, Music, Creativity & Technology

Barcelona, Spain

©Sónar

ABOUT FESTIVAL

ほかとは雰囲気が違う、都市型アカデミックフェス

スペイン・バルセロナで開催されるソナーは、他の音楽フェスとは一線を画している。その魅力を一言でいうと、「最先端エンターテインメントの複合体」。先鋭的なミュージシャンのライブやパフォーマンスが堪能できる一方で、アーティストやデザイナー、エンジニアによるトークセッションやプレゼンテーションが行われ、最新のインスタレーションにも触れることができる。フェスはそもそも日常とかけ離れた空間だが、ソナーはそんな非日常のはるか先の未来まで目を向けさせてくれる。ここでの過ごし方は、昼間（ソナー・バイ・デイ）はカンファレンスやブースをまわり、最新のテクノロジーやアート作品をチェック。夜（ソナー・バイ・ナイト）は、別会場に移動して、オールナイトで最先端のダンスミュージックを浴び続ける。一緒に楽しんでいる来場者も、アカデミックな雰囲気のなか、他のフェスよりも洗練されているのが印象的な都市型フェスだ。

COLUMN

宇宙人とコンタクトする驚きのプロジェクト！

1994年にスタートし、数々の実験的な取り組みを行ってきたソナーだが、2019年で25周年を迎えるにあたり、「Sónar Calling GJ273b」という宇宙規模のプロジェクトが立ち上がった。これは、太陽系から12.4光年離れたルイテン星に向けて音楽放送を送信し、その応答を待つという前代未聞のプロジェクト。その音源制作には、イギリスのテクノユニットAutechreや、ロシアの女性DJ・プロデューサーNina Kraviz、さらに日本からは寺田創一など、ソナーらしいアーティストが参加。もし宇宙に地球外生命体が存在し、高度な文明が発達していれば、ソナーが50周年を迎える2044年までに何らかの返答が届く可能性がある……そんな壮大なロマンを描きながら、無数にある星のなかから選ばれたのが、このルイテン星とのこと。もしかしたら世界ではじめて宇宙人とコンタクトするのが音楽フェスなんてこともあるのかもしれない。

Information

Schedule | スケジュール
7月中旬
（2019年は7月18日〜20日）
※2018年までは6月下旬

Venue | 開催地
Fira Montjuïc
Fira Gran Via L'Hospitalet

City & Country | 開催都市・開催国
Barcelona, Spain

Artist | 最近の出演アーティスト
Day: Fira Montjuïc
Night: Fira Gran Via L'Hospitalet

Access | アクセス
日本からバルセロナの直行便はないので、ヨーロッパ各都市を経由し15〜18時間程度。会場はバルセロナの都心部で、空港から車・バスで約30分。昼と夜の会場は異なるが、電車・バスで移動可能。

Inn | 滞在スタイル
昼・夜ともに市内中心部で開催されるので、ホテルやAirbnbも豊富。自身の過ごし方（昼型or夜型）にあわせて宿泊先を選びたい。

Ticket | チケット
前年の秋から販売開始となり、比較的チケットは確保しやすい。一般チケットを購入していても、会場の様子をみてから、リストバンド内蔵チップをグレードアップして当日VIPチケットに変更することも可能。

Website | ウェブサイト
sonar.es

SHOTARO'S ADVICE

世界中を旅しているが、バルセロナの初夏は世界一気持ちいい季節のひとつ。6〜7月の平均最高気温は30℃、最低気温は20℃。日本と違って湿気も少なく過ごしやすい。そこで朝から晩まで（正確には昼から朝まで）、世界最先端の音楽が楽しめるなんて、まさに地上の楽園。そんな最高の音楽体験に加え、最先端のテクノロジーやビジネスも知ることができるので、ただ遊ぶだけでなく、その後のライフスタイルにも影響を与えてくれるのも、他のフェスにないソナーの面白いところ。ローカルのバルで本場のスペイン料理を堪能するのもお忘れなく！

TOWN GUIDE

Barcelona & Ibiza

BARCELONA: 1
ソナー会場近くからバルセロナの街を一望！

昼の会場となるフィラ・モンジュイック近くにある「モンジュイックの丘」に登れば、バルセロナの景色が一望できる。さらに、バルセロナ最大規模のミュージアムであるカタルーニャ美術館とジョアン・ミロの作品を収めたミロ美術館もあるので、フェス期間中に時間ができたら訪れてみてもいいだろう。週末の夜には、音楽とイルミネーションにあわせた噴水ショーが行われ、多くの観光客が集まる。フェス開催も週末なので、ぜひ足を運んでみてほしい。

BARCELONA: 2
世界遺産の音楽堂でクラシックを堪能

世界遺産にも登録されているカタルーニャ音楽堂はこの街のシンボル。ただのシンボルというだけでなく、毎晩クラシックコンサートやフラメンコショーが行われている。夜のコンサートは大体21時くらいからだが、昼間に時間がある場合は、ツアーに申し込めば建物の中を見学することができる。ホール内の天井の幻想的なステンドグラスや彫刻は、一見の価値あり。ダンスミュージックに少し疲れたら、ゆったりとしたクラシックを聴いてのんびり過ごしてみるのもいいかも。

©Christian Bertrand / shutterstock.com

BARCELONA: 3
絶品パエリアは、
バルでなく海沿いへ！

街を歩きながらバルに入って、ワインとつまみを食べるのがバルセロナの楽しみのひとつだが、パエリアは海沿いのレストランで食べるのがおすすめ。昼のフェス会場から車で10分程度のバルセロネータ駅周辺には、「Xiringuito Escribà」、「Can Majo」、「7 Portes」、「El Cangrejo Loco」といったローカルにも人気の店がたくさん並んでいるので、メニューをチェックしてセレクトしてみてほしい。他にも、バルセロナの名物といえば、生ハム。会場からはややアクセスしにくいが、ハモン・エクスペリエンスという生ハムミュージアムでは製造工程を学んだ後、食べ比べができる。外にはバルとレストランが併設されているので、ワインとともに楽しみたい。

©etorres / shutterstock.com

©Christian Fitt / shutterstock.com

BARCELONA: 4
サグラダ・ファミリアは
もうすぐ完成？

ガウディが建築したサグラダ・ファミリアやグエル公園はあまりに有名な観光名所だが、最近そんな名所に変化が。過去には完成まで300年かかるといわれていたサグラダ・ファミリアが2026年に完成するということが発表され、全世界を驚かせた。本当に完成するのかも疑問だが、バルセロナではソナー以外にもプリマヴェーラ・サウンド（→P.156）、近くのベニカシムでもFIBベニカシムフェスティバル（→P.156）といった人気フェスが行われているので、定期的に訪れて、サグラダ・ファミリアの進捗を少しずつ見守るのが最近の楽しみ。

IBIZA
バルセロナから
イビサはたったの1時間！

パーティーアイランドとして知られるイビサ島は、バルセロナから飛行機で1時間程度。航空会社によっては1万円以内という値段なので、時間に余裕があればバルセロナとあわせて訪れておきたい。ビーチリゾートとナイトクラブを目当てに世界中から音楽好きが訪れるイビサだが、ソナーが開催されるくらいの時期からがちょうどハイシーズン。有名DJが夜な夜なクラブでプレイしているので、スケジュールをチェックしてみよう。ちなみにクラブのイメージが強いイビサだが、世界遺産や自然の中で楽しめるアクティビティの多いリゾートという面もあるので、あえてゆったり過ごしてみるのもあり。

©Sergio TB / shutterstock.com

マンハッタンの夜景×野外フェス！
贅沢すぎる組み合わせ

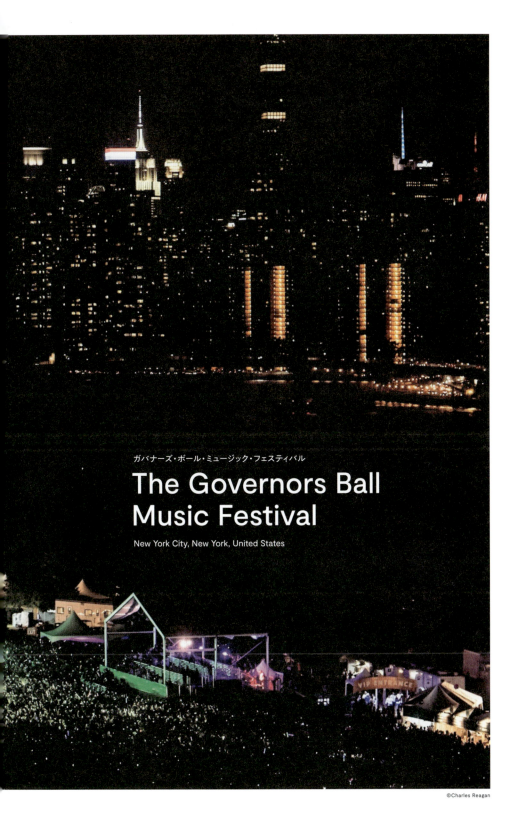

ガバナーズ・ボール・ミュージック・フェスティバル

The Governors Ball Music Festival

New York City, New York, United States

©Charles Reagan

ABOUT FESTIVAL

NYの若者の心をワシづかみ！マンハッタンも近い超都市型フェス

2011年に始まった比較的新しいフェス、ガバナーズ・ボールは、6月上旬に3日間にわたりニューヨーク近郊、ランダールズ・アイランドで行われる。島での開催とは言っても、マンハッタンやクイーンズから地下鉄やバス、フェリーなどで簡単にアクセスできる距離にあり、ニューヨークのビル群をバックにライブを楽しむロケーションが一番のウリ。参加アーティストはジャンルレスで、ヒップホップ、ロック、ダンスミュージックなど、その年の流行を反映したラインナップが揃う。そのため流行に敏感なニューヨークの若者が多く集い、会場内の装飾、フード、グッズのデザインもおしゃれな雰囲気のものが多い。ステージは4つほどあるが、会場はとてもコンパクトでステージ間を快適に移動できるのもこのフェスの魅力。このシーズンのニューヨークは温暖で気候もベスト。芝生の上で快適に1日を過ごし、ニューヨーカー気分でフェスを楽しもう。

©JN Silva

COLUMN

観光していたらアーティストに遭遇。
ニューヨーク開催のフェスならでは！

都市型フェスに参加する時は、午前中はその街をゆったり散歩したり、ランチなどしてからフェスに行くことになる。そんなタイミングでチェックしておきたいのが、そのフェスに出演するアーティストのSNS。その理由は、アーティストも参加者と同じようにフェスに出演する時間以外は、普通に観光を楽しんでいたりするから。街なかでばったり好きなアーティストに遭遇するなんてこともよくある話。2017年にガバナーズ・ボールに参加した際には、Lordeが出演前に、ニューヨークで人気のコールドプレスジュースとスムージーのお店「Liquiteria」を訪れて、彼女の大ファンだという店員と記念撮影。その後、一緒に写真を撮った店員をフェスに招待するというサプライズも話題になった。フェス会場に行く前に街を歩いてみたら、予期せぬ出会いがあるかも!?

©2017 Brooke Biundo

©Charles Reagan

©GREG NOIRE

©JN Silva

©Christopher Lazzaro

The Governors Ball

©Rachael Wright

©JN Silva

©Rachael Wright

Information

Schedule | スケジュール
6月上旬
（2019年は5月31日〜6月2日）

Venue | 開催地
Randall's Island Park

City & Country | 開催都市・開催国
New York City, New York,
United States

Artist | 最近の出演アーティスト
The Strokes, Tyler The Creator,
Travis Scott, Eminem, Jack White,
Florence + The Machine,
Tool, Chance The Rapper, Phoenix

Access | アクセス
日本から飛行機で約14時間。JFK空港から市街地まではバス・電車で1時間程度。会場となるランダールズ・アイランドは、マンハッタンの東に位置し、市内から電車・バス・フェリー・徒歩でアクセス可能。

Inn | 滞在スタイル
マンハッタン、クイーンズ、ブルックリンなど、ニューヨークのどこからでもアクセスしやすいので、旅の目的にあわせて宿泊エリアを選びたい。

Ticket | チケット
例年だと年明けにチケット販売が開始となり、1日券、3日券に加えてVIPチケットも購入可能。比較的チケットは確保しやすいが、出演アーティストによっては売り切れることもあるので早めに確保しておきたい。

Website | ウェブサイト
www.governorsballmusicfestival.com

SHOTARO'S ADVICE

ひと昔前まではメジャーなフェスが少ないニューヨークだったが、ここ最近は、パノラマNYC、エレクトリック・ズー、アフロパンク（すべて→P.143）などの人気フェスが台頭。また、常日頃からヘッドライナー級の大物のライブが行われているのがニューヨーク。2016年に参加した時には、フェス終わりの平日にThe Weekndの単独公演が行われるのを宿泊先で教えてもらったことも。観光もエンターテインメントも刺激的なニューヨークは、まさに夢舞台。ちなみに6月上旬は、演劇界最大のイベントであるトニー賞が行われるタイミングなので、ブロードウェイでのミュージカル鑑賞もおすすめ。

TOWN GUIDE

New York

NEW YORK: 1
本場のニューヨークジャズを満喫

ニューヨークといえばジャズのメッカ。路上や地下鉄構内でもミュージシャンが演奏している姿をよく見かけるが、そんな都会の夜を彩るのがジャズクラブ。「Blue Note」「Village Vanguard」「Birdland」などの老舗ジャズクラブがマンハッタンに密集している。目当てのジャズマンの演奏を観たい場合は事前に予約しておくほうが安心。

NEW YORK: 2
ヒップホップの聖地をめぐる

ジャズとともにニューヨークを代表する音楽といえばヒップホップ。ヒップホップ生誕の地ブロンクス、ブラックカルチャーが花開いたハーレム、多くのスターを輩出したブルックリン、ヒップホップの聖地だらけのクイーンズ。特に、クイーンズのフラッシング・メドウズ・コロナ・パークにある地球型のモニュメント「ユニスフィア」は、多くのヒップホップ作品に登場するので一見の価値あり。

NEW YORK: 3

有名アーティストたちが手がけるレストラン

アーティストやセレブが多く住んでいるニューヨークには、彼らが手がけるお店も多い。そのなかでも個人的にお気に入りなのは、Jay-ZやU2のBonoらが出資してオープンした英国式ガストロパブ「The Spotted Pig」。ボリューム満点のチーズバーガーはぜひ味わっておきたい。他にもLady Gagaの両親が経営するイタリアンレストラン「Joanne」、Justin Timberlakeが経営する「Southern Hospitality BBQ」なども有名。

©Taisuke Yamada

©Taisuke Yamada

NEW YORK: 4

フェスでの野菜不足はサラダ&ジュースで補う

「アメリカにいると野菜不足になりそう」と思う人も多いかもしれないが、最近のニューヨークは健康ブーム。街中にサラダ専門店や野菜ジュース屋がいたるところにある。なかでも全米展開しているサラダ専門店「Sweetgreen」は、ニューヨーカーに大人気。過去にはスウィートライフ・フェスティバルというフェスも主催するほど音楽愛にあふれた企業で、Kendrick LamarやLana Del Rayらも出演したことがあるというのも、音楽好きにはたまらない。

> Stingの「Englishman in New York」、Norah Jonesの「Back To Manhattan」など、ニューヨークをテーマにした楽曲は多い。聴きながら街を歩いてみると、ニューヨーカー気分もアップ!

Festival Fashion Snap
Pick Up!

日本のフェスと比べると、自由な服装で楽しんでいる人が多いのが海外フェス。その服どこに売っているの!?と思わず二度見してしまうような超個性派ファッションから、ぜひ取り入れてみたいトレンドを押さえたファッションまで本当にいろいろ。このページでは、実際に参加したフェスで撮影したスナップをピックアップ。世界中のおしゃれフェスファッションを参考にして、自分らしいスタイルで参加しよう!

①Glastonbury Festival グラストンベリー・フェスティバル (P.42) 派手めの長袖シャツは海外フェスでよく見かけるスタイル。昼夜の気温差にも対応可
②V Festival ブイ・フェスティバル 天気なんて気にせず思い切ってお揃いワンピース!(ちなみにこの日は嵐予報) ③Field Day フィールド・デイ (P.149) 単にお揃いの服シティスタイルにインパクトのある長靴を合わすのも都心フェスならでは ④Latitude Festival ラティテュード・フェスティバル (P.150) 単にお揃いの服を着るのではなく、デニムだけ合わせる上級お揃いコーデ ⑤Boomtown Fair ブームタウン・フェア (P.131) キャンプフェスでのロングコートは目立ち度抜群!汚れは気にしないこと! ⑥EDC UK イーディーシー・ユーケー 超カラフルなセットアップは、会場内のアパレルショップで購入できることも
⑦We Are FSTVL ウィー・アー・フェスティバル (P.148) フェイスペインティングも超大胆なフェス好きイタリア人カップル ⑧The Great Escape Festival ザ・グレート・エスケープ・フェスティバル (P.148) バースデーガールwithフレンズ。誕生日アイテムを身につけているとたくさんビールを奢ってもらえる!

⑨Coachella コーチェラ (P.20) 2017年に多く見られたスパンコールトップス。その年のフェスファッションのトレンドはコーチェラでチェックしよう！ ⑩Ultra Music Festival ウルトラ・ミュージック・フェスティバル (P.74) UMFには女の子たちが気合いの入ったファッションで集結。マイアミという土地柄、露出度も高いのが特徴　⑪South by Southwest サウス・バイ・サウスウエスト (P.88) 半袖半パンで気軽に参加するのが、都市フェススタイル。最近は、和柄や着物風アウターも人気　⑫Sónar ソナー (P.52) 屋内型のフェスでも足元はスポーティーに。スペインの夏はサングラス必須　⑬Roskilde Festival ロスキレ・フェスティバル (P.106) 北欧は夏でも冷え込みが激しいので、厚手のコートが大活躍。会場でも調達できるので安心　⑭Tomorrowland トゥモローランド (P.32) ちょっとした色使いやペイントで自分の国の色を入れるのもEDMフェスの特徴　⑮Wonderfruit ワンダーフルーツ (P.136) アジア随一のおしゃれフェスには、ファッション関係者も多数来場。インスタ映えする撮影スポットもたくさん！

世界中で愛されるULTRAの
本家本元のフェスティバル

ウルトラ・ミュージック・フェスティバル
Ultra Music Festival
Miami, Florida, United States

ABOUT FESTIVAL

EDMだけじゃない！
世界最大級の
ダンスミュージックフェス

ウルトラ・ミュージック・フェスティバル（以下、UMF）は毎年3月にアメリカ・フロリダ州のマイアミで開催される世界最大級のダンスミュージック・フェスティバル。その歴史は古く、1999年にスタート。徐々に規模を拡大し2018年に20周年を迎えた。2007年からは「ULTRA WORLD WIDE」と銘打って世界展開を行っており、スペイン、ブラジル、アルゼンチン、韓国、チリ、クロアチア、南アフリカ、コロンビアなどに次々と進出（詳しくはP.81を参照）。日本でも2014年より東京お台場でULTRA JAPANが毎年開催されているので、こちらに参加したという人も多いはず。パリピ向けのEDMフェス、というイメージが強いかもしれないが、ディープハウスやダブステップ、テクノなど、多種多様なダンスミュージックを10を超えるステージで楽しめるのが、UMFの特徴。また、豪華なアーティストはもちろん、参加者のファッションにも注目したい。露出の高い水着、ネオンカラーのコスプレ、そして何よりその年の都市型フェスファッションのトレンドがここから発信されるので、フェスコーデの参考にぜひチェックを！

COLUMN

フェスシーズン到来を
一足先に体感しよう

3月のマイアミはすでに初夏の日差し。まだ肌寒い日本から訪れると、いよいよ今年もフェスシーズンがやって来たと実感する。北半球でその年、一番早く開催される大型ダンスミュージック・フェスティバルのUMFは、その年のミュージックトレンドが生まれる場所。注目度もその分高く、2018年のストリーミング配信は世界中で3,000万人のファンが視聴した。ビッグニュースも多く、2018年は人気絶頂のなかで解散したSwedish House Mafiaが、UMFのステージで再結成したことも話題となった。また、2018年はMarshmelloのステージでWill Smithが登場したり、過去にはMadonnaやJustin Bieberなど、トップクラスのポップスターがサプライズ出演するのも魅力。さらにこの時期は「マイアミ・ミュージック・ウィーク」として世界中から音楽業界関係者が集まり、連日連夜ホテルやクラブでカンファレンスやレーベル主催のパーティーが開催されている。

昼間はビーチやホテルでパーティー、夕方からフェス、深夜はクラブへ！

フェス会場から少し離れたサウスビーチでは、昼間はホテルでのプールパーティーやビーチパーティー、深夜はクラブで豪華DJのプレイが堪能できる。UMF出演者同士のコラボやサプライズ出演も多いので、SNSや街なかで配られるフライヤーなどで情報チェックを。サウスビーチに宿泊する場合、フェス会場へはUberが便利。帰りはホテルやその付近に向かうバス（フェス公式ではない）が会場周辺に多く停まっているので、運転手に行き先を確認して乗車しよう。

SHOTARO'S ADVICE

ULTRA JAPANが開催されていることで、他の海外フェスより知名度が高く、参加したい海外フェスとして上位にあげられることの多いUMF。実際、現地で日本人を見かける率がかなり高く、話を聞いてみると「これが初海外フェス」という人も多い。日本から事前に仲間を募って参加したり、SNSなどを使って現地で仲間を見つけるのもアリ。本格的なフェスシーズン開幕にさきがけて、マイアミの太陽でこんがりと日焼けして帰国したら、全フェスファンから羨望の眼差しで見られること間違いなし！

Information

Schedule | スケジュール
3月下旬
（2019年は3月29日〜31日）

Venue | 開催地
Historic Virginia Key Beach Park &
Miami Marine Stadium
（2019年より会場変更）

City & Country | 開催都市・開催国
Miami, Florida, United States

Artist | 最近の出演アーティスト
The Chainsmokers, David Guetta, deadmau5, Eric Prydz, Galantis, Marshmello, ODESZA, Tiësto, Zedd

Access | アクセス
日本からのマイアミの直行便はないので、北米各都市を経由し16時間程度。マイアミ国際空港からダウンタウン、サウスビーチまではタクシーやバスで約20分。

Inn | 滞在スタイル
会場近くのダウンタウンやサウスビーチでの滞在が一般的。フェス会場へのアクセスも大事だが、昼のビーチパーティーや夜のクラブを楽しみたい人はサウスビーチ近辺がおすすめ。

Ticket | チケット
前年の春から段階的に販売され、早めに買うほど安く、開催直前には売り切れになる券種も多い。一般チケットの他、VIPチケットも販売される。

Website | ウェブサイト
ultramusicfestival.com

TOWN GUIDE

Miami

MIAMI: 1
ダウンタウン近くで
アートとローカルを堪能

ダウンタウンは有名ホテルが多く立ち並んでおり、2019年からの新しいフェス会場からも近くて便利。周りに観光スポットも多く、巨大なグラフィティやアートギャラリーが密集するウィンウッド・ウォールズやキューバの食や文化が体験出来るリトル・ハバナなどは人気エリア。また地元マイアミの野球チーム・マイアミ・マーリンズやNBAチーム・マイアミ・ハートの本拠地もダウンタウン周辺にあるので、滞在のタイミングで試合がやっていれば地元民に交ざって観戦するのも楽しい。

©dennizn / shutterstock.com

MIAMI: 2
自転車に乗って
サウスビーチを遊びつくそう！

フェスの他にも、いろいろ行きたいイベントがあるという人におすすめの移動手段が、レンタル自転車。滞在先にあわせて臨機応変に動ける便利ツールだ。クレジットカードさえあれば時間貸しで借りられるものもあるし、マウンテンバイクを何日かレンタルできるお店もある。おしゃれなレストランやパステルカラーの建物が並ぶ海沿いの道路、オーシャン・ドライブを自転車で走り抜けると最高に気持ちいい！

©bartuchna / shutterstock.com

MIAMI: 3
パーティーに疲れたら
世界遺産の公園へ

フェス会場に行かなくても、街にいるだけで朝から晩までダンスミュージックを楽しめてしまうのがこの時期のマイアミの良いところだが、少しゆったりしたいという人におすすめなのが、市街地から車で1時間程度の場所にある、エバーグレーズ国立公園。珍しい植物や絶滅の危機に瀕している動物が見られ、公園自体は世界遺産に登録されている。エアボートに乗って野生のアリゲーターを探すツアーや市街地からの送迎ツアーもあるので、自然に癒やされたい人はぜひ。

©Sorbis / shutterstock.com

Ultra Music Festival

> ULTRA MUSIC FESTIVALは別格。
> 海外だとフロアで楽しむこともあります。

海外フェスで活躍する日本人アーティストにインタビュー！　No.1

KSUKE

――初めて海外フェスに出演したのはいつですか？

2013年のULTRA KOREAが初めてです。今だったらステージ前に自分のテンションを保つ方法はわかっているんですが、その時は「ちゃんと音が鳴るかな」とか、すごい初歩的なことで緊張してました（笑）。でも、ステージ上から日本の国旗を持ったお客さんが応援してくれる姿を見つけて、とても勇気づけられた記憶があります。

――アーティスト視点から感じる、日本のフェスと海外フェスの違いは？

海外フェスのオーディエンスのほうが「羽を伸ばしている」イメージが強いですね。旅行で来ている日本人参加者も含めて、周りを気にせず楽しんでいるのを感じます。あとはアジアを含めて海外フェスだと、英語での煽りやリリックがよりダイレクトに伝わっているな、という感じはあります。

――アーティストとしてフェスを楽しむ余裕はありますか？

基本的には自分の出番が終われば、他のアーティストと絡んだり、お酒を飲んだり、踊ったりしています。海外フェスだとフロアでぶらぶら楽しんでいることもありますよ（笑）。そういう時にお客さんに声をかけられるのも、とても嬉しかったりします。

――観光も楽しんでいますか？

もちろんです。仕事とはいえ、DJをやるようになってから世界中へ行くようになったので、旅先で観光や食事、ショッピングを楽しんでいます。マイアミだとソーグラスミルズというアウトレットが好きですね。あとはサウスビーチでのんびりしたり、クラブに行ったり。マイアミはフェス以外の楽しみも、めちゃくちゃあります。今年（2018年）は出番が初日だったので、好きなアーティストのステージを聴いたり、残りを楽しみたいと思います（笑）。

――これまで出演したなかで印象的なフェスはありますか？

ULTRA MUSIC FESTIVALはやっぱり別格な感じはあります。4年連続で出演させてもらっていますが、緊張はずっとします（笑）。僕が今年立っていたのはWORLDWIDE STAGEというところなんですが、いつかはメインス

テージに、という思いはあります。

——他に出演してみたいフェスはありますか?

そうですね、ベルギーのトゥモローランドには出てみたいな、と。実は海外フェスを知るきっかけがトゥモローランド(→P.32)のアフタームービーだったんです。その後、DJとしてではなく、遊びで参加したこともあるのですが、世界にこんなフェスがあるんだ、ってくらい独自の世界観を演出していて衝撃的でした。

——これから海外フェスに行こうとしている人にアドバイスを。

実は僕、ULTRA KOREAの1年目(当時UMF KOREA)からお客さんとして参加してて、2013年に出演した時も、実はチケットを買ってたんです(笑)。最初のインパクトが凄すぎて、「隣の国でヤバいフェスやってる!」って友達に話しまくってたんですが、そんな興奮するのって普通の海外旅行じゃありえないと思う。いろんな国の人が一堂に会して、音楽だけであそこまでひとつになれる。参加してみたら、いろいろインプットするものがあると思うんですよね。そして日本に戻って来たら、「なにかにやる気がでる」というか。海外フェスって、そんなチャージができる場所だと思っています。ぜひ体感してほしいです。

KSUKE
日本を代表する音楽プロデューサー。自身のオリジナル作品の他、国内外アーティスト達のリミックスワークも多数手掛ける。活動はプロデューサーとしてのみならず、DJとしてもDJMAG JAPANによるランキングにおいて総合1位を獲得し、その地位を確立。世界のスター級DJのみが登壇を許される夢の舞台"ULTRA MUSIC FESTIVAL"への出演や、ナイトクラブの聖地ラスベガスに君臨する世界最高峰ブース、XS NightClub、Light NightClub、HAKKASANといった超一流現場での実績をもつ。
Instagram @ksuke_jpn

COLUMN

KSUKEも出演!世界に展開する ULTRA WORLDWIDE™も要チェック

ULTRA WORLDWIDE™とは、マイアミで開催されているULTRA MUSIC FESTIVALの海外展開プロジェクト。「ULTRA」「ULTRA BEACH」「ROAD TO ULTRA」「RESISTANCE」に分かれ、全世界20カ国以上で開催され、100万人以上を動員、出演アーティストは1,000組を超える。
umfworldwide.com

2019年ULTRA開催スケジュール(予定)

AUSTRALIA(MELBOURNE)	2019年2月23日
AUSTRALIA(SYDNEY)	2019年2月24日
SOUTH AFRICA(CAPE TOWN)	2019年3月1日
SOUTH AFRICA(JOHANNESBURG)	2019年3月2日
SINGAPORE	2019年6月8,9日
KOREA	2019年6月7,8,9日
EUROPE(CROATIA)	2019年7月12,13,14日
JAPAN	2019年9月14,15日
TAIPEI	未定(2018年は9月8,9日開催)
SHANGHAI	未定(2018年は9月8,9日開催)
BEIJING	未定(2018年は9月15,16日開催)
MEXICO	未定(2018年は10月13,14日開催)
BRASIL	未定(2017年は10月12,13,14日開催)

大都会シカゴの短い夏を彩る
オールジャンルフェス

ロラパルーザ
Lollapalooza

Chicago, Illinois, United States

©Sydney Gawlik / Lollapalooza 2018

ABOUT FESTIVAL

南米や欧州にも進出！グローバル展開にも注目

アメリカ・イリノイ州シカゴで毎年8月上旬に開催されるロラパルーザ。短いシカゴの夏の一大イベントで、街の中心地のグラントパークにて、木曜から日曜の4日間にわたって行われる。多くのホテルやビルが立ち並ぶミシガン湖畔の公園で開催されるので、どこからでもアクセスしやすく、宿泊施設なども充実している都市型フェス。夜は、ライトアップされたシカゴの街並みをバックにライブを楽しめる。ロラパルーザの原型は、1991年にJane's Addictionが他のアーティストとともに複数都市を回った解散ライブ。1997年にフェスは一度終了したものの、Jane's Addictionの再結成とともに2003年に復活。それ以降は北米のみならず、南米やヨーロッパでも開催され、各地で人気を博している。初期はグランジシーンを代表するフェスだったが、現在ではロックはもちろん、ヒップホップ、EDM、ポップスまで、様々なジャンルのアーティストが出演する。

©Roger Ho / Lollapalooza 2018

©Greg Noire / Lollapalooza 2018

COLUMN

全米屈指の音楽都市で今年は誰に出会える!?

ブロードウェイミュージカル『シカゴ』で知られるように、シカゴは音楽の街として有名で、シカゴ・ジャズやシカゴ・ブルースといった独自のジャンルも存在する。またヒップホップシーンも活況で、Kanye West、Common、Chance The Rapperらがシカゴ出身。そのなかでもロラパルーザとの関わりが深いのは、2018年にサマーソニックで初来日を果たしたChance The Rapper。まだ知名度がそこまで高くなかった2013年に初出演、グラミー賞の新人賞を獲得した2017年には、念願のヘッドライナーを務めた。当日はトレードマークの「3」のキャップに加え、この日の特別仕様のTシャツも販売されるほどの気合いの入りよう。さらにエントランスには、Chance The Rapperの関係者専用レーン(Chance Laneと書かれていた)ができるほど、たくさんの仲間や関係者がライブに駆けつける地元の一大行事となった。

楽しむコツはアフターを含めた計画にあり！

4日間にわたり、200組弱のアーティストが出演し、会場入りの時間やライブ時間の重複によっては見逃してしまうことも多い。メインステージとその次に大きいステージとの距離は徒歩10分以内で、比較的移動も楽なほうだが、どうしても観られないなんてことがあれば、公式サイトで発表されるアフターパーティーもチェックしてみよう。フェスが開催される前の火曜からフェス終了の日曜まで、50度程度のライブがシカゴの街じゅうで行われている。ヘッドライナー級のアーティストが小さなライブハウスでプレイすることもあるので、それも含めてスケジュールを組みたい。

SHOTARO'S ADVICE

とにかくラインナップが豪華なロラパルーザでは、これまでも数多くの名演が繰り広げられてきた。2017年に参加した際には、フェス中にハリケーンが発生し、2日目のヘッドライナーのMuseのライブ途中で急遽フェスが中止に。それを受けて翌日のヘッドライナーのThe KillersがMuseの代表曲「Starlight」をカバーするという粋な演出に立ち会えた。8月のシカゴは比較的過ごしやすいが、"シカゴ・ウェザー"と呼ばれる急な天候変化も多いので、当日の天気予報は必ずチェックし、雨対策をしてから会場に向かおう。

Information

Schedule | スケジュール
8月上旬
（2019年は8月1日〜4日）

Venue | 開催地
Grant Park

City & Country | 開催都市・開催国
Chicago, Illinois, United States

Artist | 最近の出演アーティスト
The Weeknd, Bruno Mars,
Jack White, Arctic Monkeys,
Travis Scott, Chance The Rapper,
The Killers, Muse, Arcade Fire

Access | アクセス
日本から飛行機で約12時間。シカゴ・オヘア国際空港から市街地まではバス・電車で30分〜1時間程度。会場となるグラントパークは、アダムス/ウォーバッシュ駅から徒歩5分。

Inn | 滞在スタイル
都心で開催されるため、会場の近くには多くのホテルが立ち並んでいる。ただしフェス期間中は値段も高く予約も取りづらいので、なるべく早めに宿を押さえよう。

Ticket | チケット
3月にチケットが販売開始となる。4日通し券より、人気のヘッドライナーの1日券が売り切れになる可能性が高い。会場近くの宿泊先とチケットがセットになったホテルパッケージもある。

Website | ウェブサイト
www.lollapalooza.com

TOWN GUIDE

Chicago

CHICAGO: 1
ブルース、ジャズ、ヒップホップの街

ブルースやジャズ、そして最近ではヒップホップの街として有名なシカゴには、音楽を楽しめるスポットがたくさん。ブルース界の大御所Buddy Guyが経営するクラブ「Buddy Guy's Legend」はフェス会場のすぐ近く。本場のシカゴ・ブルースを味わえるほか、Buddy Guy愛用のギターや衣装も展示されている。また、地元を代表するレコード店「Reckless Records」も会場の近くにあるので、お気に入りの1枚を記念に購入してみよう！

CHICAGO: 2
超個性的なシカゴグルメ

シカゴスタイルのホットドッグはあらびきのポーリッシュ・ソーセージとたくさん入った野菜が特徴。フェス会場内でも買えるのでぜひ試してほしい。またシカゴのピザは「ディープディッシュ・ピザ」と呼ばれ、パイのような分厚い見た目でボリューム満点。おすすめはフェス会場にも近い「Lou Malnati's Pizzeria」。ステーキなら、マイケル・ジョーダンがオーナーを務める「Michael Jordan's Steak House」、もしくは地元民にも愛される老舗「Gibsons Bar & Steakhouse」で間違いなし！

CHICAGO: 3
アーティストも愛する地元の野球チーム

シカゴといえば、野球チーム「シカゴ・カブス」の本拠地リグレーフィールドが有名。メジャーリーグのなかで2番目に古いスタジアムで、レトロな雰囲気が味わえる。フェス会場から、車で15分程度、電車でも乗り換えなしで30分程度とアクセスも簡単なことに加え、平日でも昼間の早い時間から試合をしていることも多いので、フェスの前に遊びにいくのもあり。ちなみにChance The Rapperは、ライバルチーム「シカゴ・ホワイトソックス」の大ファン。

オースティンの街全体がお祭り騒ぎ、
熱狂の10日間を体験せよ！

サウス・バイ・サウスウエスト
South by Southwest

Austin, Texas, United States

©Taisuke Yamada

ABOUT FESTIVAL
音楽、映画、テクノロジーが集う
世界最大級のカンファレンス

アメリカ・テキサス州オースティンにて毎年3月に開催されているサウス・バイ・サウスウエスト。1987年に音楽イベントとして立ち上がったが、現在は、「ミュージック」、「インタラクティブ」、「フィルム」の3部門を中心に、カンファレンス、展示会、そしてライブが10日間にわたり繰り広げられる、ユニークなフェスだ。音楽部門は期間の中盤から週末にかけて開催され、世界中から集まった2,000組以上のアーティストが、オースティンの街のいたるところでライブを行う。大物の出演もあるが、基本的には新人から中堅のアーティストが多く、このフェスがきっかけで世界的にブレイクすることもよくある。日本からも毎年多くのアーティストが出演しており、日本の音楽を世界に紹介するショーケース「ジャパン・ナイト」も開催される。インタラクティブの展示会や企業ブースでは最先端のテクノロジーが体験できたり、映画館では日本未発表の映画が見られたり、豪華俳優陣たちのトークショーを聞くことができたりと、見どころが尽きない。

©Aaron Rogosin

©Merrick Ales

COLUMN

あらゆる場所が会場に！
朝から晩までライブ三昧の1週間

サウス・バイ・サウスウエストほど、街をあげてのお祭り騒ぎを味わえる音楽フェスはないと断言できる。世界屈指の音楽の街として知られるオースティンの公園、バー、レストラン、レコード屋など、期間中はあらゆる場所がライブ会場に変身する。その数はおよそ200カ所ともいわれ、フェスの中心地となる6thストリートは夜になると歩くのも困難なほど人であふれかえる。公式に発表されるイベントの他にも、昼間はレコードレーベルやラジオ局などがアンオフィシャルのパーティー（無料が多い）を主催しているため、日中から深夜まで街を歩き回ってライブ三昧の1日を過ごすことができる。タイムテーブルがかぶってしまい物理的に見ることのできないライブも多いが、ほとんどのアーティストが1週間で複数回ライブを行うので、どうしても観たいものだけをあらかじめ決めておいて、他は気の向くままに歩き回り、気になるベニューを見つけたり、好みの音楽が聴こえてきたら都度立ち寄るスタイルがおすすめ。とにかく朝から晩まで、音のシャワーを浴び続けられる1週間。The White Stripes、Norah Jonesといった大物もこの舞台をきっかけに世界的なブレイクを果たしたといわれているので、未来の大物を探しにオースティンの街を歩き回ろう！

©Merrick Ales

©Merrick Ales

宿泊先のチョイスはお財布と体力次第

宿泊先はできるだけ6thストリートに近い方が、荷物を取りに帰ったり、少し休憩できたりと何かと便利だが、予約がすぐ埋まることに加えて、値段もかなり高い。参加を決めたらホテルやAirbnbなどをなるべく早めにチェックして予約をしてしまおう。ただし会場から遠い宿泊先であっても、配車アプリのUberやLyftが簡単に利用できるので、予算と体力（どれくらい歩けるか）を判断して宿を選ぼう。

SHOTARO'S ADVICE

数多くのライブがあらゆる場所で行われるので、情報収集が成功の鍵。公式アプリ「SXSW GO」は、公式イベントの出演情報を整理できるのでダウンロード必須。他にも現地のウェブメディア「austin360」、新聞「THE AUSTIN CHRONICLE」などで、イベント情報を随時チェックしよう。シークレットゲストの噂を聞きつけて、他のライブを犠牲にしたのに、結局登場しなかったりと、情報に振り回されることも多いがそれもご愛嬌。ハプニングや多少の失敗も寛大な気持ちで楽しむのが、海外フェスをサバイブするコツ！アーティストとの距離も近いので、お願いすれば写真撮影に応じてくれることも。上の写真は、ロンドン在住時代に近所でよくライブをしていたShoppingというバンドと。

Information

Schedule | スケジュール
3月中旬
（2019年は3月8日〜17日）

Venue | 開催地
Various Venues

City & Country | 開催都市・開催国
Austin, Texas, United States

Artist | 過去の出演アーティスト
Prince, The White Stripes,
Katy Perry, Norah Jones,
Amy Winehouse, Arctic Monkeys

Access | アクセス
日本からオースティンの直行便はないので、シカゴ、LA、ダラスなどを経由し約15時間。空港から会場となる市街地までは車で20分程度。

Inn | 滞在スタイル
市街地で開催されるため会場周辺には多くのホテルがあるが、値段は高い。中心地から離れると比較的リーズナブルの宿が見つけられるが、なるべく中心地に近い方が便利。Airbnbを使って、大人数で大きめの部屋を借りてシェアするのもあり。

Ticket | チケット
その年の開催が終わるとすぐに翌年のバッジ（チケット）が発売される。バッジは、Interactive、Film、Music、それぞれのカンファレンスとイベントに参加できるものに加えて、すべてのジャンルに参加できるプラチナバッジがあり、開催が近づくにつれ金額が高くなっていく。

Website | ウェブサイト
www.sxsw.com

TOWN GUIDE

Austin

AUSTIN: 1
世界のレコードコレクター憧れの人気店も！

フェス期間中に駐車場にライブステージが設置される「Waterloo Records」は、レコードコレクターの間で常に話題に上がる人気レコードショップ。また、中心地からは少し離れるが、「Antone's Record Store」も地元民に人気の老舗店。レコード屋ではないが、音楽関連のグッズが豊富に揃う「Wild About Music」も外せない。フェス関連のTシャツやアーティストグッズ、さらにお土産に最適な小物も充実している。ここのレジにいるお店の看板猫が可愛いすぎて、財布の紐が緩みがちに……。

©Faina Gurevich / shutterstock.com

AUSTIN: 2
名門テキサス大学と、その周辺を歩こう！

オースティンといえば、アートと音楽に加えて大学の街としても有名。ライブハウスなどが立ち並ぶ街の中心地から少し北にあるテキサス大学は、米国最高峰の教育と研究実績を誇る大学で、一般人でもキャンパス散策が可能。巨大な大学生協ではオリジナルのグッズなども購入できる。大学近くには、美術館や博物館がある他、大学の向かいにあるアパレル・雑貨ショップ「Urban Outfitters」がフェス期間中はライブ会場になっており、センスの良いブッキングのパーティーが行われているので、あわせて立ち寄りたい。

©Taisuke Yamada

AUSTIN: 3
BBQの本場テキサスで肉を喰らおう！

BBQ発祥の地でもあるテキサスでは、薪を使って低温で時間をかけてスモークするという日本とはまったく違うスタイルのBBQが楽しめる。中心地から少し北に歩いたところにある「Franklin Barbecue」はランチのために朝イチから長蛇の列ができる地元の人気店。また6thストリートの近くでライブ会場にもなっている「Stubb's」は特製ソースが人気で、スーパーや空港でお土産用として売られている。ちなみにここの中庭でフェス期間中に行われるパーティーは、ときに1時間以上並ぶほどの豪華なラインナップなので、要チェック！

毎年変わるドレスコード！
センスあふれる参加者が集うフェス

ベスティバル
Bestival
Dorset, United Kingdom

©Bestival 2018

ABOUT FESTIVAL

名物オーガナイザーによる
ラジオはチェック必須

ベスティバルは、フェス大国イギリスでも特に人気の高いフェスティバル。2004年にスタートし、2016年まではイギリス南部のワイト島で開催されていたが、2017年に日程と場所を一新し、7月末〜8月上旬にイングランド南西部のドーセットにて行われるようになった。このフェスをオーガナイズするのは、人気レーベル「SUNDAY BEST」を主宰するRob Da Bank。彼のこだわりや個性を活かして選ばれるラインナップは、このフェスの人気の理由のひとつ。似たようなアーティストが揃うフェスが多いなか、積極的に新人を抜擢するなど、他のフェスとは一線を画した方向性を打ち出し続けている。また公式サイトでは、『BESTIVAL FM』というラジオ番組が公開されており、ベスティバルらしい選曲やリミックスに加え、独自のインタビューやライブ音源が公開されるので、フェスの予習や復習には欠かせない存在となっている。そういった細部にいたる世界観から、実際に会場に足を踏み入れた時の雰囲気まで、センスの良さは世界一と言っても過言ではない。ホームページのデザインや、ラインナップポスターのイラストも可愛くて、毎年楽しみ。

COLUMN

アーティストも参加者も
ドレスコードを全力で楽しむ！

このフェスの最大の特徴は、ドレスコードがあること。ラインナップとともに、その年のテーマが大々的に発表され、土曜にはドレスアップデイとして、参加者がそのテーマを解釈してファッションで表現する。さらに、出演アーティストがテーマに合わせた衣装で登場することも。ここ最近のテーマは「Circus」、「Colour」、「The Future」など、抽象度が高いが、正解はないので自分なりに解釈して着飾ればOK。参加者の仮装やコスプレは渋谷のハロウィンどころではない本気度なので、見ているだけでも楽しい。グラストンベリーほど規模は大きくないが、4日間のキャンプ生活は野外フェスを満喫するには十分。ちなみに会場内に設置される直径10mを越す超巨大なミラーボールは、Nile Rodgersが過去に出演した時にオーダーして作られた代物。世界最大のミラーボールとしてギネス記録にも認定されているのでお見逃しなく。

世界一ピースフルなキャンプサイト

このフェスのキャンプサイトの雰囲気は、とにかくピースフル。ファミリー層も多く、陽気なイギリス人と楽しい週末を過ごすことができる。日本のフェスでいうと、朝霧ジャムの雰囲気に似ており、世界中のキャンプフェスのなかで、個人的に最も快適に過ごせたフェスのひとつ。よりキャンプに特化したキャンプ・ベスティバルという姉妹祭も前週に開催されており、こちらも近年人気上昇中なので、あわせてチェックしてみよう。

Information

Schedule｜スケジュール
7月下旬
（2019年は7月26日〜29日）

Venue｜開催地
The Lulworth Estate

City & Country｜開催都市・開催国
Dorset, United Kingdom

Artist｜最近の出演アーティスト
London Grammar, M.I.A., The xx,
Silk City (Diplo & Mark Ronson),
A Tribe Called Quest, Soulwax,
Pet Shop Boys, Dizzee Rascal

Access｜アクセス
日本から飛行機で約11時間半。ヒースロー空港から会場までは電車で2時間程度。ロンドンやサウサンプトンに滞在してから会場に向かう場合は、最寄り駅のウール駅から無料シャトルバスあり。

Inn｜滞在スタイル
参加者はキャンプで過ごすのが一般的。事前に予約しておくと、ホスピタリティの高い有料エリアへのアップグレードが可能。

©Bestival 2018

SHOTARO'S ADVICE

現在は開催場所が変わったが、数年前に参加した時は、イギリス南部のワイト島で開催されていたベスティバル。あまりの人気で会場に向かうフェリーが、午前中の時点で深夜便まで定員オーバーとなり、島に渡れないフェス難民が大量に発生！ところが、そんな時でも全力で楽しみ方を模索するのが、イギリス人の良いところ。その日フェスに行くことを諦めても、今日を楽しむことは諦めない！港にテントを張り、どこからか音楽が鳴り始め、自然とパーティーが始まっていく。海外フェスではたまにトラブルもあるけれど、それすら楽しく過ごした者勝ち！

Ticket｜チケット
前年の11月からチケット販売開始となるが、比較的チケットは確保しやすい。キャンプ付きチケット、さらにヨガやマッサージに参加できるチケットも事前に販売される。

Website｜ウェブサイト
www.bestival.net

TOWN GUIDE

South & West England

SOUTH ENGLAND: 1
海沿いの街から ワイト島に行こう！

普段はリゾート島としても人気のワイト島は、音楽好きの聖地。もともとフェスティバルが行われていた場所で、さらに50年の歴史があるワイト島フェスティバル（→P.132）も毎年6月に開催されている。時間があればボーンマスやサウサンプトンからフェリーに乗って出かけてみよう。またフェス会場から最も近い街ボーンマスは11km続く砂浜のビーチが有名。その隣町のサウサンプトンはタイタニック号の母港や、イギリスの昔ながらの景色が楽しめる旧市街が人気。

©Sterling Images / shutterstock.com

©Joe Choosong / shutterstock.com

SOUTH ENGLAND: 2
少し足を延ばしイギリス屈指の リゾート・ブライトンへ

サウサンプトンからさらに東に位置する海沿いの街ブライトンは、LGBTコミュニティの多い街で、オープンで自由な雰囲気が魅力。音楽の街の一面もあり、ライブハウスやレコードショップも多い。Norman Cook（Fatboy Slim）の出身地、そして過去にはAdeleがこの街に魅了されてロンドンから移住するなど、アーティストも多い。5月にはイギリス最大のショーケース型フェス、ザ・グレート・エスケープ・フェスティバル（→P.148）が開催される。

Bestival

WEST ENGLAND
有名アーティストを多く輩出する アートの街・ブリストル

フェス会場となるドーセットから北へ車で2時間程度のところにあるブリストルも、音楽好きには外せない街。The Pop GroupやMassive Attackらを輩出している他、最近では覆面アーティストBanksyの出身地としても有名で、街を歩いていると彼のグラフィティを見つけることができる。Banksyの作品以外にもストリートには多くのグラフィティが描かれており、イギリスのなかでも圧倒的にアートやユースカルチャーに寛容な街だと分かる。街中には、レコード屋やライブハウス、クラブも多いので、グラフィティを楽しみながら散策してみよう。

お盆時期の開催で休みも取りやすい！
津田が選んだ2018年ベストフェス！

シゲト・フェスティバル
Sziget Festival
Budapest, Hungary

@rockstarphotographers

ABOUT FESTIVAL

ドナウ川の島をまるごと貸し切り!?
ヨーロッパで人気絶大の巨大フェス

ハンガリーの首都ブダペストで開催されるシゲト・フェスティバルは、日本での知名度こそ低いが、ヨーロッパでは絶大な人気を誇る大型フェス。地元ハンガリーはもちろん、ヨーロッパ各国から1週間で40万人が来場する。シゲト(Sziget)はハンガリー語で「島」を意味し、その名前の通り、ブダペストを流れるドナウ川に浮かぶオーブダ島をまるごと貸し切って開催される。島と言っても街なかにあり、深夜まで電車やフェリーも動いているので、市街地に宿泊しての参加も可能。また、会場のいたるところでテント泊もできる。会場内には大小あわせると50以上のステージがあり、水遊びができるビーチエリア、アート作品が展示されているエリア、地元の雑貨が買えるマーケットなどがあり、広大な島に作られたひとつの街のようだ。そんななか、メインステージに出演するのは、一線で活躍する大物ばかりで、2018年にはDua Lipaをヘッドライナーに抜擢。さらに他のフェス出演の少ないLana Del Reyが出演したことも話題を集めた。

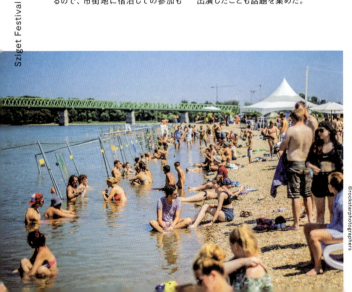

@rockstarphotographers

©rockstarphotographers

©rockstarphotographers

COLUMN

インスタ映え間違いなし！
数万人と一体感が味わえる
「スペシャルパーティー」

メインステージで催される日替わりテーマのパーティーに参加するのも、シゲトならではの過ごし方。例えば2018年だと、集まった観客が一緒に熱唱する「シンガロングパーティー」、風船がばら撒かれる「バルーンパーティー」など、大物アーティストが緊急出演しているのか!?と勘違いするくらい多くの人が集まっていた。持ち寄った国旗や配られた旗を音楽にあわせて振って楽しむ「フラッグパーティー」、スティックを振ってライティングを楽しむ「グロウスティックパーティー」では、シゲトデザインの旗やスティックが配布されるが、争奪戦が巻き起こるので、事前に前方で待機し、早めにゲットしたい。無事ゲットしてパーティーを楽しんだ後は、お土産として記念に持ち帰ろう。目当てのアーティストだけで予定を立ててしまうと見逃しがちなので、これらのパーティーの存在もしっかり頭に入れた上で臨みたい。インスタ映えを意識した今風の演出も、シゲトの魅力のひとつだ。

ブダペストで遊び尽くすための
City Passは必ずゲットしよう！

シゲト・フェスティバルは、ブダペスト市とも連携を組んで開催され、会場で配られるプログラムには市長からのメッセージが大きく取り上げられているほど。街をあげての一大イベントということで、フェス期間中に販売される「シティ・パスポート」（リストバンド）を購入すれば、市内のトラムが乗り放題、1回限りだが温泉施設の入場も無料になる。空港やフェス会場で販売されており、1日、週末、1週間といった単位で販売されているので滞在期間にあわせて必ず購入しておきたい。

SHOTARO'S ADVICE

毎年参加しているというハンガリー人と会場で仲良くなって話し込んでいると、会場の中に小さなシークレットステージがあり、どこかのトイレがそのステージへの入り口になっているということを教えてくれた。パンフレットにはもちろん、SNSにも一切情報が漏れておらず、その話を聞いてから数日にわたって会場を探してみたけれど結局見つけることができなかった。もしかしたらただの噂話かもしれないが、そういった奇想天外な仕掛けもありそうと感じさせてくれるのもこのフェスの魅力。パンフレットのスタンプラリーとあわせて、会場中を歩きまわって見つけ出してほしい！

Information

Schedule | スケジュール
8月中旬
（2019年は8月7日〜13日）

Venue | 開催地
Óbudai-sziget

City & Country | 開催都市・開催国
Budapest, Hungary

Artist | 最近の出演アーティスト
Ed Sheeran, Foo Fighters, Twenty One Pilots, Martin Garrix, The 1975, Richard Ashcroft, Kendrick Lamar, Lana Del Rey, Gorillaz

Access | アクセス
日本からの直行便はないので、ウィーン、ヘルシンキ、モスクワなどを経由して約14時間。会場となる島までは市内中心部からトラムで15分程度。空港からの会場への直行バスも出ている。

Inn | 滞在スタイル
フェス会場近くのホテルは期間中、値段高騰＆満室になるが、南側の街の中心地には幅広い価格の宿泊施設がある。ドナウ川を挟んで西（ブダ側）だとトラム1本、東（ペスト）側でも1回乗り換えで帰宅可能。会場内のキャンプサイトではシャワー施設なども充実している。

Ticket | チケット
1日、3日、5日、7日券など参加する日程にあわせて様々なタイプのチケットが選べる。開催直前になるとラインナップ次第で週末の3日券などは売り切れることも。街中の観光施設や公共交通機関で使えるCity Passもあわせて購入すると便利。

Website | ウェブサイト
szigetfestival.com

TOWN GUIDE

Budapest

BUDAPEST: 1
ドナウ川でクルージング

ブダペストの象徴、ドナウ川。観光クルーズは常時運行されているが、クルージングしながら音楽を楽しめる船上パーティーが行われるのも、フェス期間中ならでは。開催直前には売り切れになってしまうので、早めの予約が必須だ。もちろん、パーティーではなく、ゆったりクルージングを楽しみたい方は、通常のクルージングや船上レストランもたくさんあるので、チェックしてみてほしい。ちなみに街からフェス会場に直接向かうフェリーもあるので、少しだけクルージング気分を味わいたければ、電車でなくフェリーで会場入りしてみるのもおすすめ。

©rockstarphotographers

©Barbara Dudzinska / shutterstock.com

BUDAPEST: 3
毎日食べたくなる
ハンガリー風シチュー
「グヤーシュ」

ヨーロッパから多くのファンを集めるシゲトの会場内では様々なヨーロッパの料理が食べられるが、やはり味わいたいのが地元のローカルフード。日本ではあまりイメージがないかもしれないが、実はハンガリー料理は日本人の舌に合うといわれている。その代表でもあるハンガリー風シチュー、グヤーシュは、日本人好みの毎日食べたくなる優しい味。会場内の店でも買えるが、市内でたまたま立ち寄った「Frici Papa Kifozdeje」のグヤーシュは絶品！ローカルな食堂感満載の雰囲気もあわせて味わってほしい。

©watermelontart / shutterstock.com

BUDAPEST: 2
土曜日の夜は
「スパーティー」にGO！

ハンガリーは温泉大国。ブダペストの街にもたくさんの温泉施設があり、市民の憩いの場となっている。そのなかのひとつ、市内最大規模のセーチェニ温泉では、昼は普通に温泉施設として営業しているが、土曜日の夜には温泉にDJブースが置かれ、スパ×パーティー、「SPArty」が行われている。フェス公式のイベントではないが、多くのフェス来場者がアフターパーティー的に遊びに行く。当日でも並べば入ることができたが、事前に予約して参加する方が安心。

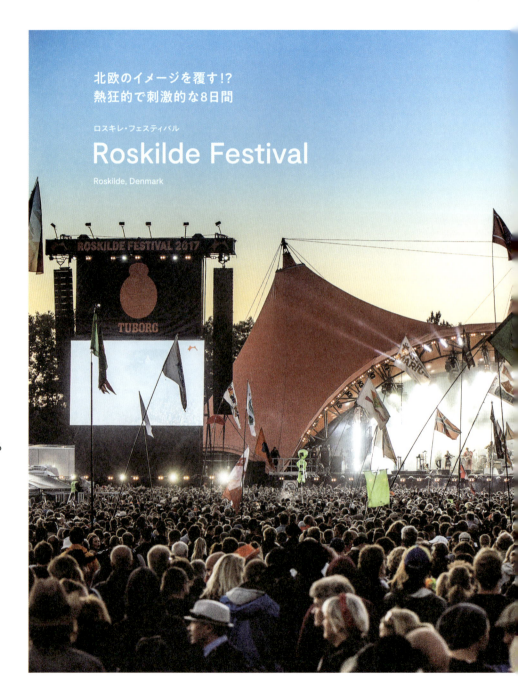

北欧のイメージを覆す!?
熱狂的で刺激的な8日間

ロスキレ・フェスティバル
Roskilde Festival
Roskilde, Denmark

ABOUT FESTIVAL

ヨーロッパ最古にして
北欧最大の音楽フェス

デンマークの首都コペンハーゲンから電車で30分弱のロスキレという街で、毎年6月後半から7月初旬にかけて開催されるロスキレ・フェスティバル。その歴史は古く、初開催の1971年から現在まで一度も休むことなく行われている老舗フェスで、ヨーロッパ中から13万人が参加する。イギリスのグラストンベリー(→P.42)、ベルギーのロック・ウェルフテル(→P.157)といった大規模フェスが前後に開催されるタイミングということもあり、ラインナップは毎年超豪華。2018年は、Eminem、Bruno Mars、Gorillaz、2019年は、The Cure、Travis Scottというようにその年のフェスシーンを象徴するアーティストがずらりと並ぶ。地元出身のMØをいち早くヘッドライナーに抜擢したことも記憶に新しい。深夜でも会場から電車が出ているので都心部まで戻って宿泊することも可能だが、多くの来場者(特に若者)は、80haの広大なキャンプサイトで1週間を過ごす。またフェスで得た収益が全て慈善事業を行う組織などに寄付されるのも、このフェスの特徴だ。

COLUMN

世界一強烈なキャンプサイトで
夜通しパーティーを体験してみる？

豪華なラインナップが毎年話題になるロスキレ・フェスティバルだが、このフェスの本当の魅力は他のところにあると思っている。それはとにかく"刺激的"であること。会場に集まった観客の威勢の良さは、いろいろフェスを見てきたなかでも、個人的には世界一。それを体験するためには、キャンプサイトに足を運んでみてほしい。どうやって持ち込んだのか不思議に思うほどの大きさのサウンドシステムが設置され、あちらこちらでプライベートパーティーが開催されている。通路がいつのまにか閉鎖されて宴会が始まり、ヘッドライナーが演奏している時間でもお構いなしに自由気ままに踊り、飲み、騒ぐ。地元の若者を中心に昼夜を問わず1週間もパーティーを繰り広げる様子は、このフェスを象徴する1コマなので、テント泊をしなくても夜のキャンプサイトは訪れておきたい。ちなみに、キャンプサイト内には、ゆったりと過ごしたい方向けにサイレントエリアもあるのでご安心を。

翌年のチケットを賭けた全裸レースに参加してみる!?

ライブ以外のイベントが充実しているのも良いフェスの条件のひとつだが、ロスキレ名物(?)といわれているのが、「ネイキッド・ラン」(全裸レース)だ。その名の通り、会場のキャンプサイトを全裸で走るというイベントだが、優勝者には翌年のチケットがプレゼントされる。男性だけでなく女性の参加者も多く、朝イチで全裸の欧米人が全力で駆け抜けていく光景はまさにカオス。翌日会場内で配られる新聞は、モザイクなしの写真が大きく掲載されるのでお土産にしてみては?

SHOTARO'S ADVICE

このフェスに参加するまでは、デンマークといえば、コペンハーゲンのお洒落な街並みや北欧家具などのイメージからクールで穏やかなイメージを持っていた。しかし良い意味でそれを裏切ってくれたのが、キャンプサイトで出会った陽気なデンマークの若者たちだった。みんな自由で陽気でお酒好き。ビールブランドCarlsbergとTuborgのお膝元ということもあり、老いも若きもビール片手に朝から晩まで乱痴気騒ぎ。やはりその国の本当の姿を知るには、その国のフェスに参加するのが一番手っ取り早い! 本当の北欧を、ぜひ自分の目で確かめてみて。

Information

Schedule | スケジュール
6月下旬
(2019年は6月29日～7月6日)

Venue | 開催地
South of Roskilde

City & Country | 開催都市・開催国
Roskilde, Denmark

Artist | 最近の出演アーティスト
The Cure, Travis Scott, Cardi B, Eminem, Bruno Mars, Gorillaz, MØ, Nick Cave & The Bad Seeds

Access | アクセス
日本から飛行機で約11時間半。コペンハーゲン市内まで電車で15分。コペンハーゲンからロスキレまでは電車で20分程度。ロスキレ駅から会場へはバスまたは徒歩で移動可能。

Inn | 滞在スタイル
会場内に広大なキャンプサイトがある。エリアによっては夜まで騒がしいエリアもあるので,静かに過ごしたい人はサイレントエリアがおすすめ。日帰り参加の場合はコペンハーゲン駅周辺の宿泊が便利。

Ticket | チケット
前年の11月からチケット販売開始。8日間入場可能なキャンプ付きチケットは人気が高くすぐに売り切れてしまうので早めに購入しておきたい。大物が出演する水曜～土曜は1日券も販売される。

Website | ウェブサイト
www.roskilde-festival.dk

TOWN GUIDE

Copenhagen

COPENHAGEN: 1
ディズニーランドのモデルになった遊園地で超豪華DJがプレイ!?

コペンハーゲン駅の目の前にあるチボリ公園。1843年につくられ、ウォルト・ディズニーやデンマークを代表する童話作家アンデルセンも影響を受けたといわれる歴史ある遊園地だ。美しい庭園や絶叫マシンもあるが、夏には超有名なDJやバンドのライブが園内で行われ、タイミングがあえば遊園地で遊びながらライブも楽しむことができるかも？ホームページにライブ情報が掲載されているので事前にチェックしてみよう。

COPENHAGEN: 2
コペンハーゲンの街でジャズを楽しもう！

ロスキレ・フェスティバルとほぼ同じ時期（例年7月の第一金曜日）に行われるコペンハーゲン・ジャズ・フェスティバル。ヨーロッパ屈指の規模で、街じゅうで多くのジャズライブが行われる。金曜はロスキレ・フェスティバルの出演者も豪華なので悩むところだが、コンサートホールやジャズ・クラブはもちろん、運河沿いにカラフルな建物が並ぶ人気の観光地ニューハウンなどでもフリーライブが行われているので、昼間は観光とジャズを楽しんでからロスキレに向かってみては？

COPENHAGEN: 3
美しい大通りには、個性的なお店がずらり！

街の中心にあるストロイエ通りには、北欧雑貨のお店はもちろん、デンマークで生まれたレゴの本店や、ギネス世界記録博物館などがあり、歩くだけでも楽しめる。ちなみにフェス関係のギネス記録だと、世界最大級のミラーボール（直径10m以上!）を作ったイギリスのベスティバル（→P.94）、来場者が1時間で交わしたハイタッチ数が2392回と最も多いフェスとして、アメリカのボナルー（→P.120）などがあるらしい。

クロッケンフラップ・ミュージック・アンド・アーツ・フェスティバル

Clockenflap Music and Arts Festival

Hong Kong

過ごしやすい秋の香港は
海外フェスデビューにもぴったり！

Clockenflap Music and Arts Festival

©Chris Lusher

©Derry Anisworth

©Hiroyuki Oyama

ABOUT FESTIVAL

アクセス、予算、時差、すべてにおいて日本から最も行きやすい海外フェス

クロッケンフラップは、2008年にスタートした香港のど真ん中で開催される都市型野外フェスティバル。会場は高層ビル、ホテル、ショッピングモールが立ち並ぶ香港島のセントラル・ハーバーフロント。空港から最寄りの香港駅までエアポートエクスプレスで約30分ということもあり、日本からのアクセスも簡単。欧米の大規模フェスがオフシーズンということもあり、2018年には、David Byrne、2017年にはThe Prodigy、2015年にはThe Libertinesなど、その年の夏に欧米のフェスで活躍した大物が出演することも多い。最近では日本からも、Cornelius、水曜日のカンパネラ、SEKAI NO OWARIらが出演した。フェスの正式名称からも分かるように、音楽以外にもアートに力を入れており、会場内のいろんな場所にあるアート作品や子ども向けのアトラクションも充実している。日本からの行きやすさもあり、年々日本人の参加者も増加中だ。

©Kitmin

©Adam Davis-Powell

©Mariko Kurose

COLUMN
日本人アーティストを観れば、新たな魅力が見えてくる

海外フェスの醍醐味のひとつは、日本では観られないアーティストを観ることだが、海外フェスに出演している日本人アーティストをあえて観るというのも、意外とおすすめ。わざわざ海外フェスに来て日本のアーティストを観るのは…と思うかもしれないが会場の雰囲気や客層も全く違うなかでどんなライブをするのかは、アーティストにとっても勝負どころ。例えば2017年にクロッケンフラップで水曜日のカンパネラのライブを観た際には、ライブが後半になるにつれ続々と観客が押し寄せ、終わる頃にはステージは超満員。現地メディアからの評価も高く、「今年は水曜日のカンパネラがベストアクトだった」と多くの人から声をかけられたほど。このように日本のアーティストや音楽が、日本以外でどのように受け入れられているのかが分かるのも面白いし、そのアーティストの根本的な魅力に気づかせてくれることもある。

日曜夜に香港を出て、月曜朝の帰国も可能！

欧米の大型フェスに参加するなら少なくても5日から1週間の日程が必要だが、クロッケンフラップであれば、週末の香港滞在を楽しんだ後、月曜朝には日本に帰国することができる。そんな週末だけの弾丸滞在で便利なのが、会場最寄りの香港駅から事前に飛行機のチェックイン&荷物まで預けられる「インタウン・チェックイン」。日曜日の朝に宿をチェックアウトし、香港駅で荷物を預けてからフェスに参加。飛行機の時間ギリギリまでフェスを楽しんで、空港に直行して帰国という弾丸プランも可能。休みがなかなか取りづらい人はぜひ活用してみて！

SHOTARO'S ADVICE

「はじめての海外フェスはどこに行ったらいい？」とよく質問されるが、真っ先に候補に挙げるのが、クロッケンフラップ。何といっても日本から近いし、欧米のフェス参加に比べたら圧倒的にコストも抑えられる。それでいて日本には来ないような大物を観られて、日本人アーティストの魅力も再発見できる贅沢な体験ができるのだから、初海外フェスにこれ以上最適なフェスはない。午前中はローカル感満載のトラムに乗って、アートやグルメを堪能。午後はフェスを楽しみながら夜景もチェック！　さくっとフェス旅を体現できる秋の香港。海外フェスデビューにぜひ！

Information

Schedule | スケジュール
11月下旬
（2019年は11月22日〜24日）

Venue | 開催地
Central Harbourfront Event Space
（中環海浜活動空間）

City & Country | 開催都市・開催国
Hong Kong（香港）

Artist | 最近の出演アーティスト
Erykah Badu, Interpol,
David Byrne, Khalid,
Jarvis Cocker, Massive Attack,
The Prodigy, Kaiser Chiefs, Feist

Access | アクセス
日本から飛行機で約5時間。香港国際空港から会場の最寄り駅の中環駅までエアポートエクスプレスで30分程度。そこから徒歩10分程度で会場着。香港駅でインタウン・チェックインも可能なので、最終日は荷物を預けてからフェスに参加することも可能。

Inn | 滞在スタイル
会場周辺の中環駅周辺やそこから電車で10分程度の湾仔、銅鑼湾付近での宿泊が便利。日本からの参加者も多いので、大人数でAirbnbを借りるのもあり。

Ticket | チケット
その年の開催が終わるとすぐに翌年のチケットが販売開始。1日券か3日券を選ぶことができる。早めに買うと安く購入できるので、参加が決定している場合は早めに購入しておくとお得。

Website | ウェブサイト
www.clockenflap.com

TOWN GUIDE

Hong Kong

HONG KONG: 1

絶景ルーフトップバーで
アフターパーティーも

フェス会場から見える香港の夜景も素晴らしいが、さらにその絶景を味わいたければ、街に点在するルーフトップバーがおすすめ。会場からも近く、欧米風のレストランやバーなどが集まる蘭桂坊にある「Ce La Vi」はオフィシャルのアフターパーティーが行われたことも。会場から電車で2駅の湾仔にある「Wooloomooloo」や、会場のある香港島とは反対側の九龍半島の尖沙咀にある「Eyebar」も人気。

HONG KONG: 2

アジア随一の
アートシティを歩く

春にはアジア最大級のアートフェア「アート・バーゼル」が開催されたり、年によってはフェス期間中に「香港アートウィーク」のタイミングが重なるなど、アート関連のイベントが多いのも香港の特徴。フェス会場から近い中環(セントラル)には、ギャラリーやアートスペースが多く、デザイナーズショップなどが集まったPMQのような有名スポットから、元警察署・監獄という変わった歴史を持つ大館というアートスペースも。街歩きを楽しみながらアートを味わってみては？

©StarvingLele / shutterstock.com

HONG KONG: 3

有名映画やミュージック
ビデオのロケ地めぐり

香港の最も有名な俳優といえば、ブルース・リー。尖沙咀にあるウォーターフロント・プロムナードのアベニュー・オブ・スターズには彼の銅像があり、撮影スポットになっている。撮影の合間に彼がよく訪れた老舗洋食レストラン「太平館餐廳」も有名でフェス会場近くにも支店がある。他にも人気映画『恋する惑星』の有名シーンで使われたミッドレベル・エスカレーターや、満島ひかりをフィーチャリングしたMONDO GROSSOの楽曲「ラビリンス」のミュージックビデオ、映画『トランスフォーマー』などで使用されたモンスターマンション(現在は撮影禁止)も。

気軽に行けるのが魅力のアジアのフェス。
夜はその街のクラブに踊りに行こう！

©Yuya Eto

海外フェスで活躍する日本人アーティストにインタビュー！　No.2

コムアイ（水曜日のカンパネラ）

——初めて海外フェスに出演したのはいつですか？

アメリカで開催された「サウス・バイ・サウスウエスト（→P.88）」が初海外フェス。色んな場所で、ライブができて楽しかったです。そこで話題になったのが、香港の「クロッケンフラップ（→P.112）」に繋がっていって。海外フェスには他のいろんなフェスの人が見に来ていたりするので、アーティストにとってはアピールの場所になるんです。

——2018年は上海の「ストロベリー・ミュージック・フェスティバル（→P.166）」など、最近はアジアのフェスにも多く出演されていますが、アジアのフェスの魅力は？

上海ではクルーがいつもと違って、その時だけの演出を考えました。地球型のモニュメントをタオバオで注文したりして、届くか怪しんでいたけど、すぐ送ってくれて。そういうのを含め、中国はスリルがあって、楽しい（笑）。あと個人的に遊びに行っているのが、タイの「ワンダーフルーツ（→P.136）」。そもそも欧米のフェスに行くよりも断然安い。欧米系パーティーなので外国人が多くてタイ語はほとんど使われていません。ほとんど晴れていて暖かくて、ごくたまにスコールが降るのがタイらしい。あとモーラムっていうタイのお祭り演歌みたいなものがあって、それに特化したステージがあります。そこは日本人のお客さんと相性いいみたいで、輪になって盆踊りを始めちゃうみたいな。他にも日本人におすすめなら、香港の「クロッケンフラップ」。日本からも近いし、街中で開催されるから移動も楽だし、ご

©Mariko Kurose

飯も美味しい。夜はクラブがたくさんある坂(蘭桂坊周辺)で遊ぶと楽しいです。

——海外のフェスに行く時は、ステージ以外の時間をどう過ごしていますか？

夜は必ず街で遊びます。友達におすすめのクラブを教えてもらって、疲れていても意地で行く時もあるくらい(笑)。フェスに出演して、そのあとクラブで踊ってから屋台的なものを何か食べて、夜中の2時にホテルチェックインして、次の日が早朝移動でチェックアウトが5時みたいな。旅行中は無限のパワーなので。クラブは、その日のイベントによるし、ハズレを楽しむこともに重要。日本でいうとどのクラブに似ているのか、海外からどんなアーティストが来ているのかな、とか。そして合わなければサクッと次に行くのも重要。あとは古着屋さん。現地に住んでいる友達とか、フェスで会った可愛い子とかに教えてもらったところとかをチェックして、イン

©Masato Yokoyama

スタ見て良さそうだったら行くかなあ。

——これから海外フェスに行こうとしている人にアドバイスを。

日本のフェスやライブに行くと、周りの人の目が気になってなかなかライブに集中できないことがあると思うんですよ。でも音楽はその人のためのものだから、自分自身が楽しむことが一番大事。海外のフェスとかクラブではそういう壁みたいなものがいい意味でも悪い意味でもないから、いろんな人が海外に行ってそういう体験をたくさんして、日本でも面白いイベントを見つけてほしいですね。

コムアイ

2013年からコムアイを主演とするユニットとして始動。メンバーはコムアイ(主演)、ケンモチヒデフミ(音楽)、Dir.F(その他)の3人だが、表に出るのは主演のコムアイのみとなっている。日常から浮遊した世界観をハウス、テクノ、チルアウトを踏襲した謎多きサウンドにフワフワ透明なコムアイの不思議なボイスで唯一無二の楽曲をお届け中。主演のコムアイは、VOGUE JAPAN WOMEN OF THE YEAR 2017を授賞、映画『猫を抱くもの』に女優として出演するなど、様々な活動を行っている。2018年6月EP「ガラパゴス」リリース、10月より国内4都市含むアジア10都市をめぐる「ガラパゴスツアー」を開催。国内、海外問わず活動の幅を広げている。Instagram @kom_i_jp

COLUMN
コムアイもハマる！
不定期開催の
日食パーティーとは？

毎年あるフェスではないけど、皆既日食パーティーは絶対おすすめ。2017年に「オレゴン・エクリプス」に参加したんですが、日食にあわせて数万人が来場していて、会場が未来都市みたいでした。単純に日食は視覚的にすごいっていうのに加えて、その時の音が面白い。日食のタイミングで、私は河原の近くにいたんですけど、近くでネイティブアメリカンの人が儀式をしたりしてて。太陽が隠れ始めても、最初は明るいままだから、気づかないんですよね。8割くらい隠れると急に暗くなり始めて。温度も変わっていって、

空気の音が変わるんですよ。カラッとした音だったり、こもった音だったり。ちょっとゾッとした感覚になって、全部の生気が失われていく感じ。太陽が消えて、輪っかになっていくと、もう肉眼で見ていいってなる。出てくる時も綺

麗で、一点だけ星みたいに光ったあとバァーって光が出てくる。それがデトックスというか生まれ変わるってことの象徴だから、転職とか離婚とか、何かリスタートしたり、デトックスしたいタイミングの人には合っているかも(笑)。

コーチェラ、ロラパルーザと並ぶ
アメリカを代表するビッグフェス

ボナルー・ミュージック・アンド・アーツ・フェスティバル
Bonnaroo Music and Arts Festival

Manchester, Tennessee, United States

アメリカ・テネシー州で開催される大規模な野外フェス、通称「ボナルー」。2002年のスタート当時は、ジャムバンドやフォークロック中心のラインナップだったが、現在は、大御所からチャート上位に名前を連ねる若手までが一堂に集うオールジャンルのフェスに。ボナルー名物の「SuperJam」というスペシャルセッションでは、ここでしか実現しない豪華アーティストの共演や名曲のカバーが楽しめる。また、来場者同士で「Happy Bonnaroo!」と声をかけあってハイタッチするのがボナルー流の楽しみ方。

©Nathan Zucker

キャンプサイトが広大で、場所によってはステージまで数十分歩くので、自転車タクシーが便利。1人10ドルと結構高額だが交渉すると少し安くなるかも！

Information

Schedule | スケジュール
6月中旬
（2019年は6月13日〜16日）

Venue | 開催地
Great Stage Park

City & Country | 開催都市・開催国
Manchester, Tennessee,
United States

Artist | 最近の出演アーティスト
Childish Gambino, Phish, Muse,
Post Malone, Eminem, The Killers

Website | ウェブサイト
www.bonnaroo.com

©宇宙大使☆スター

砂漠の中に突如現れる巨大な街は、
参加者自らがつくりあげる！

バーニング・マン
Burning Man

Black Rock City, Nevada, United States

アメリカ・ネバダ州のブラックロック砂漠で1週間にわたり行われるバーニング・マンは、普通のフェスとは一線を画す個性的なイベント。バーナーと呼ばれる参加者にはいくつかのルールが課され、基本的には金銭のやり取りは禁止。水や食料の他、生活に必要なものはすべて自分たちで用意し、出たゴミはすべて持ち帰り、何も残してはいけない。また「NO SPECTATOR」(傍観者であるな)という考えのもと、どんな形でもいいので表現活動を行いながら共同生活を送る。イベントの最後には街の象徴である人型の造形物「ザ・マン」を燃やして、1週間を締めくくる。砂漠の中のラウンジで、参加者でもある超有名DJのプレイが突如始まることも。

「表現活動を行う」と聞くと戸惑うかもしれないが、何をするかは本当に自由。アート作品を作る、楽器を弾く、バーを出して振る舞うなど何でもOK！

Information

Schedule | スケジュール
8月下旬
(2019年は8月25日～9月2日)

Venue | 開催地
Black Rock Desert

City & Country | 開催都市・開催国
Black Rock City, Nevada, United States

Artist | 最近の出演アーティスト
Diplo, Carl Cox , Skrillex, Flume, Tokimonsta, Jamie Jones

Website | ウェブサイト
burningman.org

アメリカ・ラスベガス発、
次々と世界進出するモンスターパーティー

エレクトリック・デイジー・カーニバル
Electric Daisy Carnival
Las Vegas, Nevada, United States

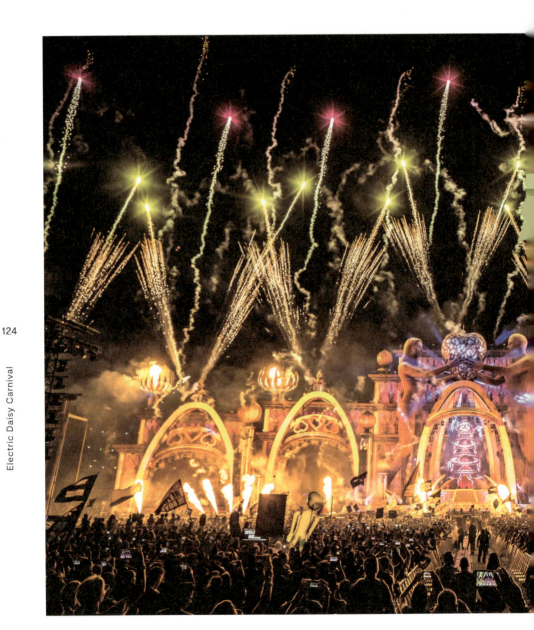

©EDC Las Vegas

世界中の様々な都市で開催されるのも、このフェスの特徴。各都市で演出が異なるので、違いを楽しむのもよい。日本では2017年からEDC Japanが開催されている。

©EDC Las Vegas

アメリカ・ラスベガスで開催される、通称「EDC（イー・ディー・シー）」は、ウルトラ・ミュージック・フェスティバル、トゥモローランドと並ぶ、世界最大級のダンスミュージックの祭典。「究極の光と音のカーニバル」と呼ばれるように、派手な演出が特徴で、3日間で約1万発の花火が打ち上げられる。会場は普段サーキット場として使われている場所だが、3日間限定で巨大なステージが設置され、さらに観覧車、フリーフォールなど、遊園地顔負けの多種多様なアトラクションも用意される。世界中からトップDJが集結するだけでなく、会場中でパフォーマーが参加者を楽しませてくれるのもEDCの魅力。

Information

Schedule | スケジュール
5月中旬
（2019年5月17日〜19日）

Venue | 開催地
Las Vegas Motor Speedway

City & Country | 開催都市・開催国
Las Vegas, Nevada, United States

Artist | 最近の出演アーティスト
Afrojack, Armin van Buuren,
Dimitri Vegas & Like Mike,
Diplo, Eric Prydz, Kygo, Zedd

Website | ウェブサイト
lasvegas.electricdaisycarnival.com

©EDC Las Vegas

4,000人のパーティー好きと
船上で踊り明かそう

ホーリー・シップ！
Holy Ship!

Cocoa Beach, Florida, United States

2012年にスタートしたホーリー・シップ！は1月上旬に2回に分けて開催されるクルージングパーティー。アメリカのフロリダから、豪華客船「ノルウェージャン・エピック」に乗船し、数日かけてカリブ海のリゾート・バハマに向かい、そこでビーチパーティーを楽しむことができる。船の定員は、およそ4,000名。船内には2,000の客室があり、バーやレストラン、カジノにスパも堪能できる。シンガポールでも同様のクルージングパーティー、イッツ・ザ・シップ（→P.163）が11月に開催されるので、こちらもあわせてチェックしよう！

©Oh Dag Yo

©Alive Coverage

©Alive Coverage

出演DJも豪華で、Skrillex、Zedd、Fatboy Slimらが過去に出演。さらにPharrell Williamsがサプライズゲストとして登場したことも。

Information

Schedule | スケジュール
1月上旬
（2019年は1月5日〜9日/1月9日〜12日）

Venue | 開催地
Port Canaveral

City & Country | 開催都市・開催国
Cocoa Beach, Florida, United States

Artist | 最近の出演アーティスト
The Black Madonna, Petit Biscuit, Zhu, A-Trak, Gorgon City

Website | ウェブサイト
holyship.com

サマーソニックのモデルはコレ！
イギリスの若者に人気の都市型フェス

レディング・アンド・リーズ・フェスティバル
Reading and Leeds Festival

Reading, United Kingdom/Leeds, United Kingdom

©Phoebe Fox

©Phoebe Fox

©Sarah Koury

若者が多いこともあって、ステージ前方や夜のキャンプサイトでは、日本のフェスでは味わえないような激しさを味わえる。イギリス名物シンガロング（大合唱）のボリュームも世界最大級！

イングランド南部レディングと北部リーズの2会場で開催される都市型フェス。出演アーティストが入れ替わる形で行われ、日本のサマーソニック（千葉/大阪）はこの形式をモデルにしている。イギリスの夏の締めくくり的なフェスで、夏休み中の学生やティーンの参加も多いのも特徴。会場は比較的コンパクトだが、10程度のステージが密集しており、人気アーティストのライブが被るのは当たり前。贅沢な悩みは3日間尽きることがない。過去には日本から、MAN WITH A MISSION（2018年）、ONE OK ROCK（2017年）、BABYMETAL（2015年）らが出演。個人的なおすすめは、BBC Music Introducing Stageという新人ステージ。まさにこれからのフェスシーンを彩るニューカマーを青田買いできる。

Information

Schedule | スケジュール
8月下旬
（2019年は8月23日〜25日）

Venue | 開催地
Richfield Avenue(Reading) /
Bramham Park(Leeds)

City & Country | 開催都市・開催国
Reading, United Kingdom/
Leeds, United Kingdom

Artist | 最近の出演アーティスト
THE 1975, twenty one pilots,
Post Malone, Foo Fighters,
Kendrick Lamar, Kings of Leon

Website | ウェブサイト
www.readingfestival.com
www.leedsfestival.com

イギリス人も絶賛、
超奇抜なキャンプフェス

ブームタウン・フェア
Boomtown Fair

Winchester, United Kingdom

2018年に10回目の開催を迎えたイギリスの中規模のキャンプフェス。ロンドンから電車で1時間程度のウィンチェスターという小さな街で開催され、音楽メディアが選ぶフェスランキングでは上位に並ぶことが多い、知る人ぞ知る人気フェスだ。その理由は、会場の世界観とそこに集まる個性的な来場者。会場はいくつかのエリアに分かれており、それぞれに「〇〇タウン」と名前がつけられ、エリアごとに通路や建物も世界観が統一されていて、まるで本物の街に迷い込んだような気分になる。会場を見渡すと、何がモチーフかわからないクレイジーなファッションやコスプレを楽しんでいる人も多く、海外フェスならではの強烈なインパクトを与えてくれる。そんな独特の世界で、大小30以上のステージで朝から晩までライブを楽しむことができる。これまでに参加したフェスのなかでも群を抜いて個性的で奇抜なキャンプフェスなので、変わりもの好きには超おすすめ。

世界中のフェスに参加してきたが、仮装のインパクトはブームタウンが最強！イギリス人の本気のコスプレを見に行くだけでも参加する価値あり。

Information

Schedule | スケジュール
8月上旬
（2019年は8月7日～11日）

Venue | 開催地
Matterley Estate

City & Country | 開催都市・開催国
Winchester, United Kingdom

Artist | 最近の出演アーティスト
Gorillaz, Die Antwoord,
Ben Harper & The Innocent Criminals,
Limp Bizkit, Enter Shikari

Website | ウェブサイト
www.boomtownfair.co.uk

数々の伝説を生んできた
音楽の聖地で行われる歴史あるフェス

アイル・オブ・ワイト・フェスティバル
Isle of Wight Festival

Isle of Wight, United Kingdom

イギリス南部のワイト島で行われる音楽フェス、通称「ワイト島フェスティバル」。初回の1968年から1970年まで3度にわたり開催され、当時としては世界最大規模の音楽フェスだった。特に1970年は、The Who、The Doors、Jimi Hendrix、Miles Davisといったアーティストが出演し、今でも伝説として語り継がれている。それから長らく休催していたが、2002年に復活。以降、休むことなく開催され、2017年に50周年を迎えた。他のフェスとは少し違ったヘッドライナーをセレクトする傾向があり、Fleetwood Mac（2015年）、The Who（2016年）など、イギリスのレジェンドが多くブッキングされるのも特徴。さらに前夜祭（木曜日）には、Boy GeorgeやBilly idolといった大物が出演するのも毎年楽しみ。

©The Isle of Wight Festival

ロンドンから数時間で到着するワイト島はイギリス国民にとってのリゾート地。フェリーや高速船で島に入るので、行くだけも旅気分を存分に味わえる。フェス前後で時間があれば、ぜひ島内でゆっくり過ごしたい。

Information

Schedule | スケジュール
6月中旬
（2019年は6月13日〜16日）

Venue | 開催地
Seaclose Park

City & Country | 開催都市・開催国
Isle of Wight, United Kingdom

Artist | 最近の出演アーティスト
Noel Gallagher's High Flying Birds, George Ezra, Biffy Clyro, Kasabian, Depeche Mode, The Killers

Website | ウェブサイト
isleofwightfestival.com

中毒性抜群でリピーター続出！
サイケデリックカルチャーの祭典

ブーム・フェスティバル
Boom Festival

Alcafozes, Portugal

ポルトガルの中東部にあるユネスコ認定の国定公園で2年に1度開催されるサイケデリックトランスミュージックの祭典。その歴史は古く、1997年にスタートし、2018年で12回目の開催となった。サイケデリックカルチャーを中心に、音楽、映画、ワークショップ、インスタレーションなど、多くのアートを体感しながら、1週間過ごすことができる。参加者は「Boomer」（ブーマー）と呼ばれ、リピーター率が高いのも特徴。また、ゲストカントリーと呼ばれる制度があり、選ばれた国には無料招待枠が与えられる。2016年には日本が選ばれ、500名が無料で招待された。次回の開催は2020年。

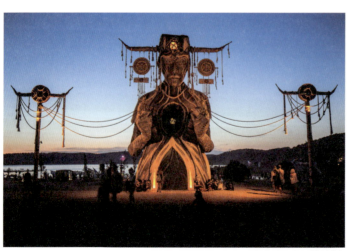

©Jakob Kolar

「Eat, Sleep, Rave, Repeat」を体現できる1週間。
昼間はかなり暑いので熱中症には注意！

Information

Schedule | スケジュール
7月下旬
2019年 開催なし
（2020年は7月28日〜8月4日）

Venue | 開催地
Boomland

City & Country | 開催都市・開催国
Alcafozes, Portugal

Artist | 最近の出演アーティスト
Ace Ventura, Astrix, Burn in Noise,
E-Clip , Element, Prem Joshua

Website | ウェブサイト
www.boomfestival.org

Boom Festival

Wonderfruit

©Yuya Eto

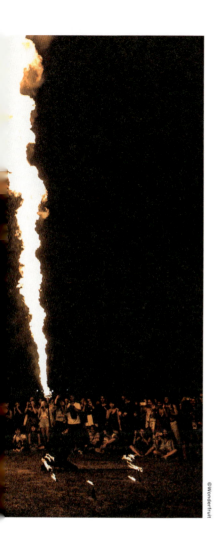

歴史は浅いが、
大注目のアジアフェス

ワンダーフルーツ
Wonderfruit

Pattaya, Thailand

アジアのみならず、欧米からも注目を集めているワンダーフルーツは、2014年にスタートしたタイの新進気鋭の野外フェス。バンコク市内から約2時間、パタヤ市内から30分程度の場所に位置する老舗のゴルフ場が舞台となり、これまでにRichie Hawtin、Rudimental、De La Soulといった世界的アーティストも多く出演。フォトジェニックな会場には、タイ国内はもちろん、アジア各国からおしゃれな参加者が集う。フェス自体は「サステナビリティ」(持続可能性)をテーマに、様々な取り組みが行われ、ワークショップ、トークショーのほか、参加型のアトラクションも豊富。2018年は、最終日にメインステージ以外のすべての電気や音楽が突然止まり、来場者全員で星空を眺める参加型コンテンツが話題となった。

「アジアのバーニング・マン」とも呼ばれ、アジア以外からも注目されている。欧米と比べると、比較的気軽に行けるアジアのフェスは要チェック！

Information

Schedule | スケジュール
12月中旬
(2019年は12月12日〜16日)

Venue | 開催地
Siam Country Club

City & Country | 開催都市・開催国
Pattaya, Thailand

Artist | 最近の出演アーティスト
Louis Cole, Lord Echo, Rudimental, Young Fathers, Simian Mobile Disco

Website | ウェブサイト
wonderfruit.co

フェスグッズ
Festival Goods

海外フェスに参加したら必ずゲットしたいのが、フェスグッズ。その場でしかゲットできない限定アイテムは一生の宝物になること間違いないし、日本のフェスで着用していても注目度抜群！ ちなみに、日本のフェスのように物販に長蛇の列ができることはほとんどない。じっくり買い物ができるのが海外フェスのいいところ。音楽だけでなく買い物もぜひ楽しんで！

Tシャツ

定番アイテムは、バックプリントにラインナップが入ったTシャツ。メジャーフェスだと、そのフェスのためだけに作られたアーティストTシャツも販売される。他のフェスで着ていると声をかけられることも。だいたい日本円で3,000～5,000円ほど。

（左から）
Glastonbury 2013 The Rolling Stones
Coachella 2017 Lady Gaga
Bonnaroo 2017
Bestival 2014

長袖／アウター

国によっては夏でもかなり冷え込むので、長袖Tシャツやパーカーが役に立つこともしばしば。ニューヨーク「ガバナーズ・ボール」では、一点物のデニムを購入！

（左から）Sydney City Limits 2018／Desert Trip 2016／Governors Ball 2017

帽子

日焼け対策にもなるキャップもフェスグッズの定番。Chance The Rapperのキャップはフェス会場ごとに別の色が発売されて、つい色違いを購入してしまうことに。だいたい日本円で3,000～5,000円ほど。

（左から）SXSW 2018／Laneway 2018／Chance The Rapper

バッグ

何かと便利なトートバッグやリュック。フェスで手に入れたグッズやちょっとした手荷物も入れられて実用的なアイテム。特にトートバッグは値段も安いので、お土産にもぴったり。

(左から) Clockenflap 2017
Governors Ball 2017／Falls Festival 2018

コラボアイテム

地元のスポーツチームやアパレルブランドのコラボ商品が限定販売されることも多い海外フェス。個数が少ないと早々と売り切れるアイテムも多いので、気に入ったらその場で迷わずゲットしよう！

(左から) Lollapalooza × Chicago Cubs／Roskilde × hummel／Sónar× adidas

その他

例えば砂漠で開催されるコーチェラでは、砂埃対策としてフェス公式やアーティストグッズでもバンダナが売られていたり、無料給水ポイントが多いフェスではウォーターボトルがあったりと、そのフェスならではのアイテムも多い。他にも、パンフレット、ポストカード、新聞など、自分や友人へのお土産になるアイテムも、チェックしてみよう。

(左から) Coachella バンダナ／Lollapalooza ウォーターボトル／Glastonbury ポストカード／Bestival パスホルダー／Latitude プログラム／Sziget ロンパース

最先端トレンドからクラシックな大型フェスまで
迫力満点のエンターテインメントを味わえる

アメリカ・カナダのフェスティバル
America & Canada

著名フェスは東海岸のニューヨーク、マイアミ、西海岸のロサンゼルス周辺で多く開催されるが、他にもテキサス、シカゴ、ニューオーリンズといった音楽の街で開催されるフェスも個性があって面白い。チャートを賑わすヒップホップ、ポップス、ダンスミュージックのアーティストをいち早くフィーチャーするのもアメリカのフェスの特徴。開催日程順に紹介しているので、参加可能なスケジュールに合わせてチェックしてみよう！

クロスド・フェスティバル
CRSSD Festival

サンディエゴ中心部のウォーターフロントパークで、春と秋に年2回開催されるダンスミュージックフェス。アンダーグラウンドからメジャーまでバランスの良いラインナップが魅力。開催地は都心の海岸沿いで、会場近くに美術館や博物館も多くあるので、観光もあわせて楽しもう。

Schedule | スケジュール
3月上旬（2019年は3月2日〜3日）
9月下旬（2018年は9月29日〜30日）

Venue | 開催地
Waterfront Park

City & Country | 開催都市・開催国
San Diego, California, United States

Artist | 最近の出演アーティスト
ODESZA, Phantogram, Sasha, Empire of The Sun, Gorgon City

Website | ウェブサイト
www.crssdfest.com

ビヨンド・ワンダーランド
Beyond Wonderland

EDCなどを手がけるInsomniacが制作するダンスミュージックフェス。会場の雰囲気はまるで「アリス・イン・ワンダーランド」。絵本のような空間の中、ダンスミュージックを楽しむことができるのが特徴。ロサンゼルス東郊の砂漠地帯の街サンバーナーディーノから始まったフェスだが、現在はメキシコでも開催されている。

Schedule | スケジュール
3月中旬（2019年は3月22日〜23日）

Venue | 開催地
National Orange Show Event Center

City & Country | 開催都市・開催国
San Bernardino, California, United States

Artist | 最近の出演アーティスト
Armin van Buuren, deadmau5, Tiësto, Alesso, KSHMR, ZHU, Oliver Heldens

Website | ウェブサイト
beyondwonderland.com

ニューオーリンズ・ジャズ・アンド・ヘリテッジ・フェスティバル
New Orleans Jazz & Heritage Festival

4月末〜5月頭にかけてニューオーリンズの競馬場を舞台に開催される老舗ジャズフェス。ジャズと名前がついているが、オールジャンルのアーティストが出演し、レジェンド級のアーティストの出演が多いのもこのフェスの魅力。2019年は50周年の節目の年となり、The Rolling Stonesが出演。ゴールデンウィークに重なるので、日本人にもおすすめ。

Schedule | スケジュール
4月下旬（2019年は4月25日〜5月5日）

Venue | 開催地
Fair Grounds Race Course & Slots

City & Country | 開催都市・開催国
New Orleans, Louisiana, United States

Artist | 最近の出演アーティスト
The Rolling Stones, Aretha Franklin, Katy Perry, Aerosmith, Sting

Website | ウェブサイト
www.nojazzfest.com

🇺🇸 ライトニング・イン・ア・ボトル
Lightning In A Bottle

ロサンゼルスとサンフランシスコの間に位置するブエナ・ビスタ湖のほとりで開催される、参加型音楽フェス。ダンスミュージック系のビッグネームが揃う一方、アート、環境、ヨガ、フードのワークショップやレクチャーなども充実しており、主体的に参加できるフェスとして人気を高めている。

Schedule｜スケジュール
5月下旬（2019年は5月8日〜13日）

Venue｜開催地
Buena Vista Aquatic Recreational Area

City & Country｜開催都市・開催国
Bakersfield, California, United States

Artist｜最近の出演アーティスト
Anderson .Paak & The Free Nationals, Tune-Yards, Zhu, GRiZ, Modeselektor

Website｜ウェブサイト
lightninginabottle.org

🇺🇸 ローリング・ラウド
Rolling Loud

2015年からマイアミでスタートした、ヒップホップに特化したフェス。ヒップホップフェスとしての規模は世界最大級。2018年から世界展開をスタートさせ、オーストラリアにも進出。さらに日本でもプレイベントが開催された。ストリート系ファッションを身に纏った来場者が多く、ロックフェスやEDMフェスとは違う客層も特徴。

Schedule｜スケジュール
5月中旬（2019年は5月10日〜12日）

Venue｜開催地
Hard Rock Stadium

City & Country｜開催都市・開催国
Miami, Florida, United States

Artist｜最近の出演アーティスト
Migos, Kid Cudi, J.Cole, Travis Scott, Future

Website｜ウェブサイト
www.rollingloud.com

🇺🇸 ハングアウト・ミュージック・フェスティバル
Hangout Music Festival

アメリカ南部のアラバマ州ガルフショアのビーチで開催される野外フェス。メキシコ湾を臨むビーチが会場となり、大規模な屋外ステージの他、ビーチハウスと呼ばれる屋内ステージも完備。また、フェス名の通り「The Hangout」というレストランがあり、ローカルの海の幸を堪能することもできる。主催はコーチェラと同じGoldenvoice。

Schedule｜スケジュール
5月中旬（2019年は5月16日〜19日）

Venue｜開催地
Gulf Shores Public Beach

City & Country｜開催都市・開催国
Gulf Shores, Alabama, United States

Artist｜最近の出演アーティスト
Travis Scott, The Lumineers, Khalid, Vampire Weekend, Cardi B, Kygo

Website｜ウェブサイト
www.hangoutmusicfest.com

🇺🇸 ボストン・コーリング・ミュージック・フェスティバル
Boston Calling Music Festival

2013年にスタートした、現在はボストン近郊にて開催されているコンパクトな都市型フェス。年々ラインナップが豪華になり、人気フェスに成長。東海岸で開催されるロック・ポップス主体のなかでは、少し早めの5月開催となるので、一足先にフェスシーズン開幕を感じることができる。公式サイトやポスターで使われるボストンテリア（犬）のマスコットキャラクターが可愛い。

Schedule｜スケジュール
5月下旬（2019年は5月24日〜26日）

Venue｜開催地
Harvard Athletic Complex

City & Country｜開催都市・開催国
Allston, Massachusetts, United States

Artist｜最近の出演アーティスト
Tame Impala, Travis Scott, Twenty One Pilots, Eminem, The Killers

Website｜ウェブサイト
bostoncalling.com

ファイアフライ・ミュージック・フェスティバル
Firefly Music Festival

ニューヨークから車で3時間程度のデラウェアにて開催される大規模フェス。コーチェラと同じく、Goldenvoice主催で東海岸のコーチェラと呼ばれることもある。ファンのアンケートを反映したブッキングを行うなど、アメリカ屈指の豪華ラインナップが魅力。巨大なレース場周辺の森の中で音楽を楽しめる。

Schedule | スケジュール
6月下旬（2019年は6月21日〜23日）

Venue | 開催地
Dover International Speedway

City & Country | 開催都市・開催国
Dover, Delaware, United States

Artist | 最近の出演アーティスト
Travis Scott, Post Malone, Eminem, Panic! At The Disco, Kendrick Lamar

Website | ウェブサイト
fireflyfestival.com

サマーフェスト
Summerfest

アメリカ中西部に位置するミルウォーキーにあるミシガン湖畔で11日間にわたって行われる、世界最大規模の野外フェス。800組以上がラインナップされ、チャートを賑わす超メジャーアーティストも多く出演する。フェスの幕開けを飾るオープニングヘッドライナーは、これまで数多くの大物が務めてきたため、毎年誰が選ばれるのかが注目される。

Schedule | スケジュール
6月下旬（2019年は6月26日〜7月7日）

Venue | 開催地
Henry Maier Festival Park

City & Country | 開催都市・開催国
Milwaukee, Wisconsin, United States

Artist | 最近の出演アーティスト
Bon Iver, Zac Brown Band, Kesha, Ozzy Osbourne, Marshmello

Website | ウェブサイト
summerfest.com

エレクトリック・フォレスト
Electric Forest

アメリカ中西部に位置するミシガン州ロスベリーで開催されるダンスミュージックフェス。その名の通り、森の中に施された幻想的な照明が特徴で、唯一無二の世界観が味わえる。流行りのダンスミュージックに加え、サイケデリックバンドも出演するという、他のフェスではありえないラインナップも人気の秘訣。

Schedule | スケジュール
6月下旬（2019年は6月27日〜30日）

Venue | 開催地
Double JJ Resort

City & Country | 開催都市・開催国
Rothbury, Michigan, United States

Artist | 最近の出演アーティスト
ODESZA, Kygo, Bassnectar, The String Cheese Incident

Website | ウェブサイト
www.electricforestfestival.com

ピッチフォーク・ミュージック・フェスティバル
Pitchfork Music Festival

音楽ウェブメディア「Pitchfork」がシカゴのユニオンパークで7月に開催する都市型フェス。同じシカゴ開催のロラパルーザ（→P.82）と並ぶ人気フェスだが、より新進気鋭のアーティストが多くラインナップされるのが特徴。秋にはパリでも同名の音楽フェスが開催される。

Schedule | スケジュール
7月下旬（2019年は7月19日〜21日）

Venue | 開催地
Union Park

City & Country | 開催都市・開催国
Chicago, Illinois, United States

Artist | 最近の出演アーティスト
Tame Impala, Ms. Lauryn Hill, The War on Drugs, Chaka Khan

Website | ウェブサイト
pitchforkmusicfestival.com

パノラマ・ニューヨークシティ・ミュージック・フェスティバル
Panorama NYC Music Festival

コーチェラを主催するGoldenvoiceが2016年にニューヨークでスタートさせた新しいフェス。日本のフジロックフェスティバルと日程が重なるため、出演者の取り合いが毎年気になるところ。会場も同じで日程も比較的近いガバナーズボール(→P.62)とよく比較されるが、2019年は開催されず、今後の開催に向けて新たな場所を探しているとアナウンスされている。

Schedule | スケジュール
7月下旬(2019年は開催なし)

Venue | 開催地
2020年以降は未定

City & Country | 開催都市・開催国
New York, United States

Artist | 最近の出演アーティスト
The Weeknd, Janet Jackson, The Killers, Migos, SZA

Website | ウェブサイト
www.panorama.nyc

アウトサイド・ランズ・ミュージック・アンド・アーツ・フェスティバル
Outside Lands Music and Arts Festival

1960年代に社会現象となったサマー・オブ・ラブの拠点だったサンフランシスコのゴールデン・ゲート・パークで行われる大型フェス。ヘッドライナーの豪華さはアメリカ指で、同じカリフォルニア州で開催されるコーチェラと並ぶ動員数を誇る。環境に配慮したサンフランシスコで最もグリーンなイベントとしても知られる。

Schedule | スケジュール
8月中旬(2019年は8月9日~11日)

Venue | 開催地
Golden Gate Park

City & Country | 開催都市・開催国
San Francisco, California, United States

Artist | 最近の出演アーティスト
The Weeknd, Florence + The Machine, Janet Jackson, Future, Beck, Bon Iver

Website | ウェブサイト
www.sfoutsidelands.com

アフロパンク・フェスト・ブルックリン
AFROPUNK FEST Brooklyn

アフリカ系アメリカ人のパンクロッカーのためにスタートしたイベント。メインストリームとは一線を画すブラックカルチャー中心のラインナップが徐々に話題を集め、ニューヨークで最もヒップだといわれるほどの人気フェスに成長。開催のきっかけとなった『Afro-Punk』というドキュメンタリー映画もあわせてチェックしておきたい。

Schedule | スケジュール
8月下旬(2019年は8月24日~25日)

Venue | 開催地
Commodore Barry Park

City & Country | 開催都市・開催国
New York, United States

Artist | 最近の出演アーティスト
Erykah Badu, Tyler the Creator, Kaytranada, Miguel, The Internet

Website | ウェブサイト
afropunkfest.com/brooklyn/

エレクトリック・ズー
Electric Zoo

過去に日本でも開催されたことのあるダンスミュージックフェス。EDMシーンを代表するDJたちがニューヨークに集結する。ガバナーズボール(→P.62)と同じ場所(Randall's Island Park)での開催で、マンハッタンやクイーンズからもアクセスしやすい。その名の通り、アニマル柄に扮した観客が会場を彩り、見ているだけでも楽しい。

Schedule | スケジュール
8月下旬(2019年は8月30日~9月1日)

Venue | 開催地
Randall's Island Park

City & Country | 開催都市・開催国
New York, United States

Artist | 最近の出演アーティスト
Marshmello, Martin Garrix, Tiësto, Kaskade, Alesso

Website | ウェブサイト
electriczoo.com

カブー・デルマー
KAABOO Del Mar

サンディエゴのダウンタウンから10kmほど離れた静かな海沿いの街、デルマーの競馬場で開催される音楽イベント。主催者は、このイベントをフェスではなく「MIX-PERIENCE」と称しており、音楽だけでなくコメディやアート、地元グルメなど、五感で楽しめるコンテンツが盛りだくさん。

Schedule | スケジュール
9月中旬 (2019年は9月13日～15日)

Venue | 開催地
Del Mar Racetrack

City & Country | 開催都市・開催国
Del Mar, California, United States

Artist | 最近の出演アーティスト
Foo Fighters, Imagine Dragons, Katy Perry, Post Malone, N.E.R.D

Website | ウェブサイト
www.kaaboodelmar.com

 ライフ・イズ・ビューティフル・ミュージック・アンド・アーツ・フェスティバル
Life is Beautiful Music & Art Festival

ラスベガスのダウンタウンで開催される都市型フェス。その年のトレンドをしっかりと反映したラインナップが揃うことに加え、9月下旬ということで、数々の夏フェスに出演してきた後のライブを見られるのもこのフェスの魅力。街なかでの開催なので、カジノだけでない新しいラスベガスの楽しみ方ができる。

Schedule | スケジュール
9月下旬 (2019年は9月20日～22日)

Venue | 開催地
Downtown

City & Country | 開催都市・開催国
Las Vegas, Nevada, United States

Artist | 最近の出演アーティスト
The Weeknd, Florence + The Machine, Arcade Fire, Travis Scott, DJ SNAKE

Website | ウェブサイト
lifeisbeautiful.com

 オースティン・シティ・リミッツ・ミュージック・フェスティバル
Austin City Limits Music Festival

SXSW (→P.88) と並び、音楽の街オースティンを代表する大型フェス。もともとはテレビ番組から派生したイベントで、10月上旬に2週にわたって開催される。レジェンドの抜擢も多く、Paul McCartney (2018年) やJay-Z (2017年) の出演も記憶に新しい。時期的にもその年のフェスの締めくくりとして注目度が高く、近年はライブ中継も人気。

Schedule | スケジュール
10月上旬 (2019年は10月4日～6日/11～13日)

Venue | 開催地
Zilker Park

City & Country | 開催都市・開催国
Austin, Texas, United States

Artist | 最近の出演アーティスト
Paul McCartney, Metallica, Arctic Monkeys, ODESZA, Justice

Website | ウェブサイト
www.aclfestival.com

 カル・ジャム
CalJam

ロックバンド、Foo Fighters主催のフェス。ロサンゼルス市内から車で1時間程度のグレン・ヘレン・リージョナルパークで開催される。バンドと関係性のあるアーティストの出演も多い。2018年にはFoo Fightersのライブ中にNirvanaのリユニオンが実現し、大きな話題を呼んだ。

Schedule | スケジュール
10月上旬 (2018年は10月6日)

Venue | 開催地
Glen Helen Regional Park

City & Country | 開催都市・開催国
San Bernardino, California, United States

Artist | 最近の出演アーティスト
Iggy Pop With Post Pop Depression, Foo Fighters, Tenacious D, Garbage

Website | ウェブサイト
www.caljamfest.com

ヴードゥー・ミュージック・アーツ・エクスペリエンス
Voodoo Music + Arts Experience

©Jordan Hefler

ニューオーリンズの中心地にほど近いシティパークで開催される都市型フェス。開催時期がハロウィンと近いため、ハロウィン風の会場装飾やコスチュームを着飾った参加者も多い。豪華アーティストのライブとともに、普通の音楽フェスとは少し違ったお祭り感が味わえる。

Schedule | スケジュール
10月下旬 (2019年は10月25日～27日)

Venue | 開催地
New Orleans' City Park

City & Country | 開催都市・開催国
New Orleans, Louisiana, United States

Artist | 最近の出演アーティスト
Mumford & Sons, Travis Scott, Arctic Monkeys, ODESZA

Website | ウェブサイト
www.voodoofestival.com

キャンプ・フロッグ・ノー・カーニバル
Camp Flog Gnaw Carnival

©Masato Yokoyama

毎年秋に開催されるTyler The Creator主催の都市型フェス。2017年はロサンゼルス市内の公園、2018年は場所を移し、ドジャー・スタジアムで開催された。出演者はすべてTyler, the Creator自身がセレクト。2018年にはKanye Westが登場したことも話題になった。日本からは2017年に水曜日のカンパネラも出演した。

Schedule | スケジュール
11月上旬 (2018年は11月10日～11日)

Venue | 開催地
Dodger Stadium

City & Country | 開催都市・開催国
Los Angeles, California, United States

Artist | 最近の出演アーティスト
Post Malone, Ms. Lauryn Hill, SZA, Kids See Ghosts, Tyler The Creator

Website | ウェブサイト
campfloggnaw.com

スノーグローブ・ミュージック・フェスティバル
SnowGlobe Music Festival

©SnowGlobe Music Festival

カリフォルニア州とネバダ州境付近にあるタホ湖で開催される年越しフェス。全米屈指のスキーリゾートで、ウィンタースポーツとあわせて流行りのダンスミュージックを楽しみながら年を越すという、他ではできない経験ができる。参加する際には万全の防寒対策を！

Schedule | スケジュール
12月下旬 (2019年は12月29日～31日)

Venue | 開催地
South Lake Tahoe Community Playfields

City & Country | 開催都市・開催国
South Lake Tahoe, California, United States

Artist | 最近の出演アーティスト
Above & Beyond, Diplo, Eric Prydz, REZZ, RL Grime

Website | ウェブサイト
snowglobemusicfestival.com

ミューテック・モントリオール
MUTEK Montréal

©Bruno Destombes / MUTEK 2018

2000年にカナダ・モントリオールでスタートした電子音楽×デジタルアートの祭典。カナダ以外でも多くの国で開催されており、日本もそのひとつ。通常の音楽ライブももちろんあるが、最先端のテクノロジーを使った音楽表現やデジタルアートを会場のいたるところで体験することができる。

Schedule | スケジュール
8月下旬 (2019年は8月20日～25日)

Venue | 開催地
Various Venues

City & Country | 開催都市・開催国
Montreal, Canada

Artist | 最近の出演アーティスト
Clap!Clap!, Christian Carrière, RAMZi, Tolouse Low Trax, Pye Corner Audio

Website | ウェブサイト
www.mutek.org/en

快適なフライトで、長時間フライトでも疲れ知らず！
アメリカの音楽フェスティバルへは、
デルタ航空が便利でおすすめ！

デルタ航空
Delta Air Lines

シアトル
リノ
Burning Man
レイク・タホ
SnowGlobe Music Festival
ラスベガス
Electric Daisy Carnival
Life is Beautiful Music & Art Festival
ロサンゼルス
Coachella Valley Music and Arts Festival
Beyond Wonderland
Lightning In A Bottle
CalJam
Camp Flog Gnaw Carnival
サンフランシスコ
Outside Lands Music and Arts Festival
サンディエゴ
KAABOO Del Mar
CRSSD Festival
ポートランド
ミネアポリス
シカゴ
Lollapalooza
Electric Forest
Pitchfork Music Festival
ナッシュビル
Bonnaroo Music and Arts Festival
アトランタ
ペンサコラ
Hangout Music Festival
ニューオーリンズ
New Orleans Jazz & Heritage Festival
Voodoo Music + Arts Experience
オースティン
South by Southwest
Austin City Limits Music Festival
ミルウォーキー
Summerfest
ボストン
Boston Calling Music Festival
デトロイト
フィラデルフィア
Firefly Music Festival
ニューヨーク
The Governors Ball Music Festival
Panorama NYC Music Festival
AFROPUNK FEST Brooklyn
Electric Zoo
オーランド
Holy Ship!
マイアミ
Ultra Music Festival
Rolling Loud

POINT: 1

国内主要空港から米国本土へ、アクセスしやすい圧倒的なネットワーク！

羽田からロサンゼルス、ミネアポリス、成田からアトランタ、デトロイト、シアトル、ポートランド、名古屋からデトロイト、関空からシアトル（2019年4月〜）へ直行便が出ているデルタ航空。全米に広がるネットワークにより290都市を結んでいるので、行きたいフェスの開催地へスムーズにアクセス可能！

※就航状況については最新の情報をホームページよりご確認ください

POINT: 2

機内エンタメ&スリープキットで長時間のフライトも快適そのもの

映画、テレビ番組、ゲーム、音楽など豊富な個人用オンデマンド型エンターテインメントシステム「デルタ・スタジオ」を全クラスで楽しむことができる。映画は往年の名作から最新作まで約300タイトル揃っていて、邦画を含め日本語で観られる映画は約70タイトルも用意されているので、長時間のフライトでも飽きずに目的地までたどり着ける。またスリープキットと機内用スリッパも提供され、快適に過ごすことができる。

POINT: 3

スパークリングワインも無料。充実の機内食&デザート

日本発着路線のメインキャビンでは、食事の際、ビール、赤・白ワイン、日本酒などに加えて、スパークリングワインも注文可。また『一汁二菜うえの』の上野法男シェフ考案・監修による和食メニューも選べるほか、ハーゲンダッツやベン&ジェリーズなど、人気ブランドのアイスクリームやスターバックスコーヒーも楽しめるのが嬉しい。

PREMIUM

さらに快適さを追求するなら、デルタ・プレミアムセレクト

本格派プレミアムエコノミークラスとして人気なのが「デルタ・プレミアムセレクト」。2019年4月までに、成田～デトロイト・アトランタ・シアトル線と、羽田～ミネアポリス、ロサンゼルス線に導入。従来のビジネスクラス並みのシートピッチや、最大17.8cmのゆとりあるリクライニング、可動式のレッグレストで、北米線の長距離移動でも疲れ知らずに過ごせる。さらに、優先チェックインや、離陸前のウェルカムドリンク、アレッシィ社のオリジナル食器で楽しむ機内食、そしてNY発のスキンケアブランド、マリン・アンド・ゴッツの製品が入ったTUMI社製のアメニティ・グッズまで、ワンランク上の海外フェス旅を楽しみたい人におすすめ！

それぞれの国を代表するフェスが存在！
熟成したフェス文化を体験できる

ヨーロッパのフェスティバル

Europe

フェス大国のイギリスやスペイン、ダンスミュージックの最先端を体験できるオランダやドイツを筆頭に、国ごとに特徴があり、それらを代表するフェスも存在するのがヨーロッパ。夏は日照時間が長いことに加え、日本と違って湿気が少なくカラッとした気候の地域が多いので、野外フェスを楽しむには最高の環境。アーティストブッキングの都合上、同時期に隣国で大規模なフェスな開催されていることが多いので、国をまたいでフェスをハシゴするのも楽しい。

ザ・グレート・エスケープ・フェスティバル
The Great Escape Festival

イギリス南部の港町ブライトンで開催される都市型フェス。街の中心にあるブライトン・ドームはもちろん、教会、レストラン、パブなど、様々な場所がステージとして活用される。ヨーロッパの新人の登竜門的なイベントで、青田買いに最適。過去に参加した時には、ブレイクする前のJames Bayがストリートで弾き語りをしていたことも！

Schedule | スケジュール
5月中旬（2019年は5月9日～11日）

Venue | 開催地
Various Venues

City & Country | 開催都市・開催国
Brighton, United Kingdom

Artist | 最近の出演アーティスト
Oh Wonder, Stormzy, Songhoy Blues, Rag'n'Bone Man, Shura & Mura Masa

Website | ウェブサイト
greatescapefestival.com

ウィー・アー・フェスティバル
We Are FSTVL

ロンドン東部のアップミンスターで開催されるダンスミュージックフェス。ハウス、テクノ、ドラムンベースなど、様々なジャンルのアーティストが一堂に会す。開催時期は5月下旬ということで、イギリスのフェスシーズンの幕開けを告げるフェスでもあり、来場者の多幸感は他と比べてもかなり高い。

Schedule | スケジュール
5月下旬（2019年は5月24日～26日）

Venue | 開催地
Damyn's Hall Aerodrome

City & Country | 開催都市・開催国
Upminster, United Kingdom

Artist | 最近の出演アーティスト
Andy C, Chase & Status, Marco Carola, Nina Kraviz

Website | ウェブサイト
www.wearefstvl.com

オール・ポインツ・イースト
All Points East

© Tom Hancock

5月末～6月頭の2週末にかけて、東ロンドンのヴィクトリアパークにて行われる、2018年スタートの新鋭フェス。初年度には、LCD Soundsystem、Phoenixといったヘッドライナー級のアーティストが1日に複数組出演するなど、豪華なラインナップが話題となった。UKフェスティバルアワードではラインナップ部門を受賞するなど、いま注目の都市型フェスだ。

Schedule | スケジュール
5月下旬（2019年は5月24日～26日、5月31日～6月2日）

Venue | 開催地
Victoria Park

City & Country | 開催都市・開催国
London, United Kingdom

Artist | 最近の出演アーティスト
The Chemical Brothers, James Blake, Bring Me The Horizon, The Strokes

Website | ウェブサイト
www.allpointseastfestival.com

フィールド・デイ
Field Day

ロンドンのおしゃれな若者がこぞって参加する都市型フェス。2019年からは北ロンドンの公園に会場を移して開催。新旧織り交ぜたラインナップが特徴で、2017年のAphex Twin、2018年のErykah Baduのヘッドライナー抜擢も話題になった。2日開催だが、都市型ということもあり1日参加者も多い。おしゃれをして気軽に参加しよう。

Schedule | スケジュール
6月上旬（2019年は6月7日〜8日）

Venue | 開催地
Meridian Water

City & Country | 開催都市・開催国
London, United Kingdom

Artist | 最近の出演アーティスト
Skepta, Jorja Smith, Diplo, Jungle, Erykah Badu, Floating Points

Website | ウェブサイト
fielddayfestivals.com

パークライフ
Parklife

マンチェスター郊外のヒートンパークで開催される都市型フェス。秋から冬にかけて行われるThe Warehouse Projectというイベントを制作しているチームが運営し、ダンスミュージックやヒップホップなど、トレンドを押さえたラインナップが特徴。ホームページのデザインやラインナップ発表の動画も凝ったつくりになっており、クールな世界観も魅力。

Schedule | スケジュール
6月上旬（2019年は6月8日〜9日）

Venue | 開催地
Heaton Park

City & Country | 開催都市・開催国
Manchester, United Kingdom

Artist | 最近の出演アーティスト
Cardi B, George Ezra, Solange, Migos, Khalid

Website | ウェブサイト
parklife.uk.com

ダウンロード・フェスティバル
Download Festival

2003年にスタートしたロック、メタル、パンクを軸にしたフェス。イギリス中部に位置するドニントンパークにて開催される。他国でも開催されており、2019年には日本にも初上陸。黒服が目立つ硬派なフェスとして、唯一無二の地位を確立している。2018年にはUKフェスティバルアワードのメジャーフェス部門を受賞。

Schedule | スケジュール
6月中旬（2019年は6月14日〜16日）

Venue | 開催地
Donington Park

City & Country | 開催都市・開催国
Derby, United Kingdom

Artist | 最近の出演アーティスト
Slipknot, Tool, Slash, Slayer, The Smashing Pumpkins

Website | ウェブサイト
downloadfestival.co.uk

ワイヤレス・フェスティバル
Wireless Festival

7月上旬にロンドンのフィンズベリーパークで開催される都市型フェス。もともと様々なジャンルのアーティストが集うフェスだったが、ここ数年はブラックミュージックにフィーチャー。ヨーロッパにいながらアメリカの最前線のシーンを感じられることに加え、イギリスのグライム勢も多く出演する。

Schedule | スケジュール
7月上旬（2019年は7月5日〜7日）

Venue | 開催地
Finsbury Park

City & Country | 開催都市・開催国
London, United Kingdom

Artist | 最近の出演アーティスト
Cardi B, Travis Scott, A$AP Rocky, Migos, Future

Website | ウェブサイト
www.wirelessfestival.co.uk

ブリティッシュ・サマー・タイム
BRITISH SUMMER TIME

ロンドン中心部のハイドパークで1週間にわたり開催される、ロンドンの夏の風物詩的イベント。大規模な1DAYフェスが何日も続くようなイメージで、チケットも1日単位で販売される。The Rolling Stones50周年ライブやThe Libertinesの復活もここで行われるなど、後に語り継がれるようなライブも多く、毎年ラインナップへの注目度が高い。

Schedule | スケジュール
7月上旬(2019年は7月5日〜7日/12日〜14日)

Venue | 開催地
Hyde Park

City & Country | 開催都市・開催国
London, United Kingdom

Artist | 最近の出演アーティスト
Robbie Williams, Bruno Mars, The National, Celine Dion, Eric Clapton

Website | ウェブサイト
www.bst-hydepark.com

 ラブボックス
Lovebox

フィールド・デイ(→P.149)と並ぶ、ロンドンの人気都市型フェス。2017年までは両フェスともに東ロンドンのヴィクトリアパークで開催されていたが、ラブボックスは、ロンドン西部のガナーズベリーパークに移動。ダンスミュージックを軸にスタートしたが、徐々に他ジャンルも取り入れながら拡大。会場の雰囲気や来場者のセンスの良さはイギリス随一。

Schedule | スケジュール
7月上旬(2019年は7月12日〜13日)

Venue | 開催地
Gunnersbury Park

City & Country | 開催都市・開催国
London, United Kingdom

Artist | 最近の出演アーティスト
Childish Gambino, Skepta, N.E.R.D, SZA, Diplo

Website | ウェブサイト
loveboxfestival.com

 トランスミット・フェスティバル
TRNSMT Festival

スコットランドを代表する大規模フェスだったティーインザパークがなくなったことを受け、2017年から開催されている新しいフェス。グラスゴーの中心地からも徒歩圏内の公園、グラスゴーグリーンで行われる。初年度にRadiohead、翌年はStereophonicsがヘッドライナーを務めるなど、イギリスらしいラインナップが魅力。

Schedule | スケジュール
7月上旬(2019年は7月12日〜14日)

Venue | 開催地
Glasgow Green

City & Country | 開催都市・開催国
Glasgow, United Kingdom

Artist | 最近の出演アーティスト
Arctic Monkeys, Stereophonics, Liam Gallagher, Queen + Adam Lambert

Website | ウェブサイト
trnsmtfest.com

ラティテュード・フェスティバル
Latitude Festival

イギリス東部のサフォークで開催されるキャンプフェス。森の中や湖のほとりでゆったりと音楽を楽しむことができる。レジェンド的なアーティストの出演も多く、来場者の年齢層はかなり広め。ポエトリーリーディング専用のステージがあったり、動物と触れ合える場所があったりと、音楽以外も充実しているので飽きることがない。

Schedule | スケジュール
7月中旬(2019年は7月18日〜21日)

Venue | 開催地
Henham Park

City & Country | 開催都市・開催国
Southwold, United Kingdom

Artist | 最近の出演アーティスト
George Ezra, Snow Patrol, Lana Del Rey, Underworld, Primal Scream

Website | ウェブサイト
www.latitudefestival.com

ウォーマッド
WOMAD

ミュージシャンの Peter Gabriel が中心になって立ち上げたワールドミュージックフェス。ロンドンから西へ車で2時間程度のウィルトシャーという街で行われる。世界中の民族音楽を聴けるだけでなく、民族楽器に触れることができるワークショップなども充実している。

Schedule | スケジュール
7月下旬（2019年は7月25日～28日）

Venue | 開催地
Charlton Park

City & Country | 開催都市・開催国
Malmesbury, United Kingdom

Artist | 最近の出演アーティスト
Amadou & Mariam, Amparanoia, Daara J Family, Django Django

Website | ウェブサイト
womad.co.uk

メルトダウン・フェスティバル
Meltdown Festival

ロンドンにある芸術関連複合施設サウスバンク・センターで行われる、音楽、アート、映画などをテーマにした複合型フェス。年ごとに別のアーティストがキュレーターとして選ばれ、出演者やプログラムは、年によって全然違う。過去には Morrissey や David Bowie、25周年を迎えた2018年は The Cure の Robert Smith がその大役を務めた。

Schedule | スケジュール
8月上旬（2019年は8月3日～11日）
2018年までは6月開催

Venue | 開催地
Southbank Centre

City & Country | 開催都市・開催国
London, United Kingdom

Curator | 最近のキュレーター
Elvis Costello, David Bowie, Yoko Ono, Patti Smith, Javis Cocker, Massive Attack

Website | ウェブサイト
www.southbankcentre.co.uk/whats-on/festivals-series/meltdown

グリーンマン・フェスティバル
Green Man Festival

南ウェールズのブレコン・ビーコンズ国立公園で行われるフェス。緑豊かな公園で、インディーミュージックを中心としたラインナップを楽しめる。会場内には植物で作られた大きな人型の「GREEN MAN」モニュメントがあるが、フェスの最後に燃やされる。その迫力は一見の価値あり。

Schedule | スケジュール
8月中旬（2019年は8月15日～18日）

Venue | 開催地
Brecon Beacons

City & Country | 開催都市・開催国
Brecon, United Kingdom

Artist | 最近の出演アーティスト
Father John Misty, Broken Social Scene, Four Tet, Sharon Van Etten, IDLES

Website | ウェブサイト
www.greenman.net

クリームフィールズ
Creamfields

イギリス発の老舗ダンスミュージックフェス。メジャーからアンダーグラウンドまでが一堂に揃うダンスミュージックの祭典として人気が高い。世界各国に進出しており、ヨーロッパはもちろん、南米や中東にも進出。最近は毎年12月に香港でも開催されているので、まずは近場から参加してみるのもあり。

Schedule | スケジュール
8月下旬（2019年は8月22日～25日）

Venue | 開催地
Daresbury

City & Country | 開催都市・開催国
Cheshire, United Kingdom

Artist | 最近の出演アーティスト
Swedish House Mafia, deadmau5, The Chemical Brothers, Martin Garrix

Website | ウェブサイト
www.creamfields.com

ノッティングヒル・カーニバル
Notting Hill Carnival

映画の影響で優雅なイメージのある街ノッティングヒルが、一年に一度、街をひっくり返したかのようなお祭り騒ぎに。店先のスピーカーやトラックに乗せたサウンドシステムからは、爆音で音楽が鳴り響く。日程的に、ロンドン近郊で開催されるレディング・アンド・リーズ・フェスティバル（→P.128）と重なるので、あわせて楽しむのもおすすめ。

Schedule | スケジュール
8月下旬（2019年は8月24日～26日）

Venue | 開催地
Notting Hill

City & Country | 開催都市・開催国
London, United Kingdom

Website | ウェブサイト
nhcarnival.org

エレクトリック・ピクニック
Electric Picnic

アイルランドの首都ダブリンからシャトルバスで1時間程度の場所で開催され、アイルランド版グラストンベリーとも評されるキャンプフェス。エレクトリックという名前がついているが、電子音楽に特化したわけではなく、最近はKendrick Lamar（2018年）、A Tribe Called Quest（2017年）など、ヒップホップ勢も積極的にブッキングしている。

Schedule | スケジュール
8月下旬（2019年は8月30日～9月1日）

Venue | 開催地
Stradbally Hall

City & Country | 開催都市・開催国
County Laois, Ireland

Artist | 最近の出演アーティスト
Kendrick Lamar, Massive Attack, The Prodigy, N.E.R.D, Picture This

Website | ウェブサイト
www.electricpicnic.ie

フェット・ド・ラ・ミュージック
Fête de la Musique

毎年6月21日の夏至は、まさにフランスの「音楽の日」。この日は場所も音量もお構いなしで、街じゅうで無料で音楽を楽しめる。特にパリは、美術館やレストラン、路上…あらゆる場所で夜通し音楽が鳴り響くが、おすすめは市街地から北に位置する日本レストラン「Guilo Guilo」。ここ最近だと、Towa Tei、Fumiya Tanaka、Shinichi Osawaらが出演。

Schedule | スケジュール
毎年6月21日

Venue | 開催地
Various Venues

City & Country | 開催都市・開催国
Paris, France

Website | ウェブサイト
fetedelamusique.culture.gouv.fr

レ・ユーロケン
Les Eurockéennes

フランス東部のベルフォールで7月上旬に開催される野外フェス。1989年にスタートし、現在は10万人以上を動員。フランス最大級の規模を誇る。日本のサマーソニックとも連携しており、これまでに日本から、水曜日のカンパネラ、THE BAWDIES、Seihoらが出演した。

Schedule | スケジュール
7月上旬（2019年は7月4日～7日）

Venue | 開催地
Presqu'île du Malsaucy

City & Country | 開催都市・開催国
Belfort, France

Artist | 最近の出演アーティスト
The Chainsmokers, Jain, Interpol, Christine and the Queens

Website | ウェブサイト
www.eurockeennes.fr/en/

ロック・アム・リング / ロック・イム・パルク
Rock am Ring / Rock im Park

ドイツの北西部のニュルブルクリンク（サーキット場）と、南部のツェッペリンフェルト（広場）にて、アーティストが入れ替わる形式で開催される大規模な野外フェス。ジャンルはロック中心で、ハードロックやメタル系も多く出演する。

Schedule | スケジュール
6月上旬（2019年は6月7日〜9日）

Venue | 開催地
Nürburgring & Zeppelinfeld

Country | 開催国
Germany

Artist | 最近の出演アーティスト
Bring Me The Horizon, Tool, Die Antwoord, The 1975, Slayer, The Smashing Pumpkins, Slipknot

Website | ウェブサイト
www.rock-am-ring.com

フュージョン・フェスティバル
Fusion Festival

ドイツ北東部にあるレルツの元飛行場で開催される大規模な野外フェス。ヨーロッパのバーニングマンとも評され、誰が出演するのかは明らかにされず、売られている食事はヴィーガンのみ。そしてフェス自体がノンコマーシャル。2015年に日本からSOIL & "PIMP" SESSIONSも出演しており、その後メンバーからも参加を強くすすめられた、超個性的なフェス。

Schedule | スケジュール
6月下旬（2019年は6月26日〜30日）

Venue | 開催地
Rechlin-Lärz Airfield

City & Country | 開催都市・開催国
Lärz, Germany

Artist | 最近の出演アーティスト
事前のラインナップ発表なし

Website | ウェブサイト
www.fusion-festival.de/de/x/home/

メルト・フェスティバル
Melt Festival

ベルリン南西に位置する屋外産業博物館「フェロポリス」で開催される野外フェス。かつて石炭採掘が行われていた場所ということもあり、非常にユニーク。超巨大なクレーン車や重機に囲まれた環境でライブが楽しめる。昼は人気バンド、夜から朝にかけてはドイツらしく実力派DJが次々と登場し、まさに一日中楽しめるフェス。

Schedule | スケジュール
7月中旬（2019年は7月19日〜21日）

Venue | 開催地
Ferropolis

City & Country | 開催都市・開催国
Gräfenhainichen, Germany

Artist | 最近の出演アーティスト
Bon Iver, A$AP Rocky, Jorja Smith, Four Tet, Skepta

Website | ウェブサイト
meltfestival.de/de/

ロック・イン・ローマ
Rock in Roma

ローマ郊外にあるカパネッレ競馬場にて、6月から7月にかけて開催される野外イベント。超大物が出演するイベントが連日行われる形式となっている。基本は1日1組の大物が登場。レジェンド級のアーティストも含め、20組ほどラインナップされ、2019年は、Kraftwerk, Ben Harperらが出演。

Schedule | スケジュール
6月下旬〜7月上旬
（2019年は6月27日〜7月13日）

Venue | 開催地
Ippodromo Delle Capannelle

City & Country | 開催都市・開催国
Rome, Italy

Artist | 最近の出演アーティスト
Kraftwerk, Thirty Seconds to Mars, Ben Harper, Calcutta

Website | ウェブサイト
www.rockinroma.com/eng/

ベスト・ケプト・シークレット
Best Kept Secret

©Ben Houdijk

6月上旬にベルギーとの国境あたりにあるオランダ南部の小さな街ヒルヴァーレンベークで開催される野外フェス。会場はなんとサファリパーク。湖を臨みながらゆったりと楽しめるが、来場者数も規模も比較的コンパクトな割に超大物が出演するので、チケットが早々に売り切れることも多い。参加を決めたら早めのチケット確保を。

Schedule | スケジュール
6月上旬（2019年は5月31日〜6月2日）

Venue | 開催地
Safaripark Beekse Bergen

City & Country | 開催都市・開催国
Hilvarenbeek, Netherlands

Artist | 最近の出演アーティスト
Bon Iver, Christine and the Queens, Kraftwerk, Arctic Monkeys

Website | ウェブサイト
www.bestkeptsecret.nl

ピンクポップ
Pinkpop

©Bart Heemskerk

オランダ南東部のランドグラーフで開催されるオランダ最大級の野外フェス。1970年から続く超老舗フェスで、2019年は50周年のアニバーサリーイヤー。フェス名は、ピンクステレン（Pinksteren）という聖霊降臨祭に由来している。また、「ポップ」はオランダ語で「人形」という意味で、人形がマスコットキャラクターになっている。

Schedule | スケジュール
6月中旬（2019年は6月8日〜10日）

Venue | 開催地
Megaland

City & Country | 開催都市・開催国
Landgraaf, Netherlands

Artist | 最近の出演アーティスト
Mumford & Sons, Fleetwood Mac, George Ezra, Tenacious D

Website | ウェブサイト
www.pinkpop.nl/2019/

デフコン.1 フェスティバル
Defqon.1 Festival

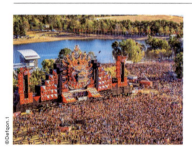
©Defqon.1

最近はEDMとも融合して進化を続けているハードスタイルというジャンルが主体のダンスミュージックフェス。会場では激しいキックドラムとベースラインが鳴り響く。メインステージではDJプレイだけでなく「POWER HOUR」と呼ばれる観客を巻き込んだパフォーマンスが行われる時間があり、会場中が異様な一体感に包まれる。

Schedule | スケジュール
6月下旬（2019年は6月28日〜30日）

Venue | 開催地
Walibi Holland

City & Country | 開催都市・開催国
Biddinghuizen, Netherlands

Artist | 最近の出演アーティスト
Headhunterz, Korsakoff, Atmozfears, Dr. Peacock, Warface

Website | ウェブサイト
www.q-dance.com/en/defqon-1-2019

デクマンテル・フェスティバル
Dekmantel Festival

©Yannick van de Wijngaert

アムステルダムの南西に位置する公園、アムステルダムセ・ボスで開催されるハウス・テクノ中心の野外フェス。コンパクトなフェスだが、地元の音楽通を中心にコアな人気を集め、日によってチケットが売り切れになる。自転車大国オランダということで、会場までは市街地から自転車で参加する人も多い。

Schedule | スケジュール
8月上旬（2019年は7月31日〜8月4日）

Venue | 開催地
Amsterdamse Bos

City & Country | 開催都市・開催国
Amsterdam, Netherlands

Artist | 最近の出演アーティスト
Jeff Mills, Jon Hopkins, Ben UFO, Blawan, Marcel Dettmann

Website | ウェブサイト
www.dekmantelfestival.com

ミステリーランド
Mysteryland

トゥモローランド（→P.32）を企画するID&Tによるダンスミュージックフェスで、1993年にスタート。アムステルダム郊外のハーレマーメールで開催される。Hardwell、Armin van Buuren、Afrojackといった地元オランダのDJの出演も多く、現地での圧倒的な人気を直接肌で感じることができる。

Schedule | スケジュール
8月下旬（2019年は8月23日〜26日）

Venue | 開催地
Haarlemmermeerse Bos

City & Country | 開催都市・開催国
Hoofddorp, Netherlands

Artist | 最近の出演アーティスト
Alesso、Dimitri Vegas & Like Mike、Hardwell、Axwell ∧ Ingrosso

Website | ウェブサイト
www.mysteryland.nl

アムステルダム・ダンス・イベント
Amsterdam Dance Event

10月中旬にアムステルダムで5日間にわたり開催されるエレクトロニックミュージックの祭典。期間中はオールナイトのパーティーが毎夜行われ、昼は音楽ビジネスやテクノロジーに関するカンファレンスやワークショップが行われる。期間中の週末には、市街地南に位置するスタジアム、ヨハン・クライフ・アレナでアムステルダムミュージックフェスティバルも開催。

Schedule | スケジュール
10月中旬（2019年は10月17日〜21日）

Venue | 開催地
Various Venues

City & Country | 開催都市・開催国
Amsterdam, Netherlands

Artist | 最近の出演アーティスト
Nina Kraviz、Martin Garrix、David Guetta、Dimitri Vegas & Like Mike、Jeff Mills

Website | ウェブサイト
www.amsterdam-dance-event.nl

ル・ゲス・フー？
Le Guess Who?

11月上旬にオランダ・ユトレヒトで開催される都市型の屋内フェス。駅前にあるホールを中心に、教会やクラブ、レストランなども会場となる。日本人アーティストの招聘にも積極的で、2018年は坂本慎太郎、寺田創一、Bo Ningenなど、約10組が参加。多国籍な音楽家と多種多様なジャンルの音楽を浴びることができる。

Schedule | スケジュール
11月中旬（2019年は11月7日〜10日）

Venue | 開催地
Various Venues

City & Country | 開催都市・開催国
Utrecht, The Netherlands

Artist | 最近の出演アーティスト
The Breeders、Anoushka Shankar、Bo Ningen、Kikagaku Moyo、Shintaro Sakamoto

Website | ウェブサイト
www.leguesswho.nl

モントルー・ジャズ・フェスティバル
Montreux Jazz Festival

スイス・レマン湖畔の町、モントルーで毎年7月に2週間にわたり開催される、世界的に有名なジャズフェス。ジャズフェスとはいえ、ジャンルはジャズに限らず、ロックやポップスなどのアーティストも多く出演する。会場周辺は古くからある高級リゾート地。のんびり過ごしながらフェスに参加することができるのが魅力。

Schedule | スケジュール
7月上旬（2019年は6月28日〜7月13日）

Venue | 開催地
Various Venues

City & Country | 開催都市・開催国
Montreux, Switzerland

Artist | 最近の出演アーティスト
Massive Attack、Young Fathers、Gregory Porter、Chick Corea Trio、Rone

Website | ウェブサイト
www.montreuxjazzfestival.com/en

プリマヴェーラ・サウンド
Primavera Sound

©Primavera Sound

スペイン・バルセロナ都心部の海岸にて開催されるインディーミュージックの祭典。バルセロナでは、7月開催のソナー（→P.52）と並ぶ規模と人気を誇る都市型フェス。ジャンルに縛られることのない、現在の音楽シーンを凝縮したラインナップは、常に世界中の音楽ファンの注目を集める。

Schedule | スケジュール
5月下旬（2019年は5月30日〜6月1日）

Venue | 開催地
Parc del Forum

City & Country | 開催都市・開催国
Barcelona, Spain

Artist | 最近の出演アーティスト
Erykah Badu, Tame Impala, Solange, Cardi B, Future

Website | ウェブサイト
www.primaverasound.es

マッド・クール・フェスティバル
Mad Cool Festival

スペイン・マドリードで開催される都市型フェス。その年に動きのある大物を多くブッキングすることでも知られ、2018年は、Depeche Mode、Pearl Jam、Arctic Monkeys、Jack Whiteらが一堂に集まり、ロック主体のフェスのなかでベストラインナップと騒がれた。マドリード市内からアクセスも簡単で、深夜でも会場からシャトルバスが出ている。

Schedule | スケジュール
7月中旬（2019年は7月11日〜13日）

Venue | 開催地
Valdebebas-Ifema

City & Country | 開催都市・開催国
Madrid, Spain

Artist | 最近の出演アーティスト
Bon Iver, The National, The Smashing Pumpkins, The Cure

Website | ウェブサイト
madcoolfestival.es

ビルバオ・ビービーケー・ライブ
Bilbao BBK Live

©Bilbao BBK Live

スペイン北部、バスク地方にあるビルバオで7月中旬に行われるフェス。メインスポンサーは地元の銀行のBBK。世界的にも珍しく、山の中で開催される。標高は205mと高くはないが、他のフェスでは味わえない環境で豪華ラインナップが楽しめる。2019年はThe Strokesが復活の舞台にこのフェスを選び、いち早く発表したことで話題を集めた。

Schedule | スケジュール
7月中旬（2019年は7月11日〜13日）

Venue | 開催地
Kobetamendi

City & Country | 開催都市・開催国
Bilbao, Spain

Artist | 最近の出演アーティスト
The Strokes, Thom Yorke, Rosalía, Suede, Weezer, Vince Staples

Website | ウェブサイト
www.bilbaobbklive.com

ベニカシム・フェスティバル
FIB Benicàssim Festival

©FIB Benicassim Festival

バルセロナから車で南に2〜3時間程度の海外沿いにあるビーチリゾート、ベニカシムで開催されるフェス。この時期のスペインは気温が高く日差しも強いので、フェスがスタートするのは夕方から。昼間はリゾートでゆったりしつつ、涼しくなってからトレンドを押さえたジャンルレスなラインナップが揃うフェスを堪能するのが、ここでのスタイル。

Schedule | スケジュール
7月中旬（2019年は7月18日〜21日）

Venue | 開催地
Benicàssim

City & Country | 開催都市・開催国
Castellón, Spain

Artist | 最近の出演アーティスト
Kings Of Leon, Lana Del Rey, The 1975, Franz Ferdinand

Website | ウェブサイト
fiberfib.com/en/home.php

ノス・アライブ・フェスティバル
NOS Alive Festival

©Kazuma Goto

ポルトガル・リスボン郊外の海沿いで開催される、ポルトガルを代表するフェス。ポルトガル国内のみならず、夏のバカンスや観光を兼ねてヨーロッパ各国からの来場者も多い。隣国スペインのマッド・クール・フェスティバル（→P.156）やビルバオ・ビー・ビーケー・ライブ（→P.156）と同時期開催ということもあり、豪華なラインナップが毎年揃う。

Schedule | スケジュール
7月中旬（2019年は7月11日〜13日）

Venue | 開催地
Passeio Marítimo de Algés

City & Country | 開催都市・開催国
Lisbon, Portugal

Artist | 最近の出演アーティスト
The Cure, Bon Iver, Vampire Weekend, The Chemical Brothers

Website | ウェブサイト
nosalive.com/en/

ザ・ビーピーエム・フェスティバル
The BPM Festival

©The BPM Festival

2017年まではメキシコ東部のカリブ海に面した街プラヤ・デル・カルメンで開催されていたダンスミュージックフェス。2017年にクロージングパーティーで発砲事件が起こったため、街全体でフェスの開催が禁止に。10周年のアニバーサリーを迎え、世界中から愛されていたフェスを存続させるべく、現在は秋のポルトガルに場所を移して開催されている。

Schedule | スケジュール
9月下旬（2018年は9月20日〜23日）

Venue | 開催地
Portimão & Lagoa

City & Country | 開催都市・開催国
Algarve, Portugal

Artist | 最近の出演アーティスト
Carl Craig, Stacey Pullen, Kyle Hall, Jamie Jones, Kenny Dope

Website | ウェブサイト
thebpmfestival.com

ロック・ウェルフテル
Rock Werchter

ブリュッセル郊外のウェルフテルで開催される野外フェス。ブリュッセルから電車で30分程度のルーヴェンが最寄りの街。1974年にスタートした、40年の歴史を持つヨーロッパを代表する老舗フェスで、その年に活躍するロック系の大物が多数ラインナップされる。

Schedule | スケジュール
6月下旬（2019年は6月27日〜30日）

Venue | 開催地
Haachtsesteenweg

City & Country | 開催都市・開催国
Werchter, Belgium

Artist | 最近の出演アーティスト
P!nk, The Cure, Tool, Muse, Mumford & Sons, Kylie Minogue

Website | ウェブサイト
www.rockwerchter.be/en/

プッケルポップ
Pukkelpop

©Pukkelpop 2018

ベルギー北東の街ハッセルト近郊で8月中旬に開催される野外フェス。ベルギー国内の同系統のフェスとしては、ロック・ウェルフテルに次ぐ規模を誇る。ボイラーパーティーナイトと呼ばれる前夜祭がこのフェスの伝統行事なので、参加する際は前夜祭から参加したい。

Schedule | スケジュール
8月中旬（2019年は8月15日〜18日）

Venue | 開催地
Kempische Steenweg

City & Country | 開催都市・開催国
Hasselt, Belgium

Artist | 最近の出演アーティスト
Kendrick Lamar, The War on Drugs, Oscar And The Wolf, Arcade Fire

Website | ウェブサイト
www.pukkelpop.be/

スノーボミング
Snowbombing

オーストリア西部のスキーリゾート地、マイヤーホーフェンで開催される雪山フェス。4月開催だが会場には多くの雪が残っており、ウィンタースポーツとダンスミュージックをあわせて楽しめる。屋外ステージの他、雪でつくられたステージもある。オーストリアで開催される1週間前にはカナダの雪山で、スノーボミング・カナダが行われる。

Schedule | スケジュール
4月中旬 (2019年は4月8日～13日)

Venue | 開催地
Mayrhofen Ski Resort

City & Country | 開催都市・開催国
Mayrhofen, Austria

Artist | 最近の出演アーティスト
Stormzy, The Prodigy,
Fatboy Slim, Andy C, Bicep

Website | ウェブサイト
snowbombing.com

オープナー・フェスティバル
Open'er Festival

バルト海のグダニスク湾に面した港町グディニャで開催される、ポーランド最大級の野外フェス。同時期にグラストンベリー・フェスティバル (→P.42) やロスキレ・フェスティバル (→P.106) といった超巨大フェスがあるのでアーティストが重なることが多く、大物がズラリと並ぶ。また、広大な空港の敷地での開催で、地平線に沈んでいく夕陽は必見！

Schedule | スケジュール
7月上旬 (2019年は7月3日～6日)

Venue | 開催地
Gdynia-Kosakowo Airport

City & Country | 開催都市・開催国
Gdynia, Poland

Artist | 最近の出演アーティスト
Travis Scott, The 1975, Gorillaz,
Greta Van Fleet, Depeche Mode

Website | ウェブサイト
opener.pl/en/

オフ・フェスティバル
Off Festival

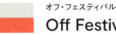

ポーランド南部に位置するカトヴィツェという工業都市で開催される野外フェス。ジャンルレスに中堅クラスをバランスよくラインナップする。また、映画、展示、ワークショップなどにも注力している。ポーランドで人気の観光地である古都クラコフや、アウシュビッツも近いのであわせて立ち寄りたい。

Schedule | スケジュール
8月上旬 (2019年は8月2日～4日)

Venue | 開催地
Dolina Trzech Stawów

City & Country | 開催都市・開催国
Katowice, Poland

Artist | 最近の出演アーティスト
M.I.A., Aurora, Grizzly Bear,
The Brian Jonestown Massacre

Website | ウェブサイト
off-festival.pl

カラーズ・オブ・オストラヴァ
Colours of Ostrava

チェコ東部、ポーランドとの国境付近に位置する工業都市オストラヴァにて開催されるチェコ最大級の野外フェス。下ヴィートコヴィツェ地区と呼ばれる元製鉄所だったエリアが会場となる。130組以上のアーティストがラインナップされるが、50組程度はチェコ出身のアーティストが出演する地元密着型フェス。

Schedule | スケジュール
7月中旬 (2019年は7月17日～20日)

Venue | 開催地
Dolní Vítkovice

City & Country | 開催都市・開催国
Ostrava, Czech Republic

Artist | 最近の出演アーティスト
Florence + The Machine,
Rag'n'Bone Man, Mogwai, The Cure

Website | ウェブサイト
www.colours.cz

オゾラ・フェスティバル
O.Z.O.R.A. Festival

1999年に開催された皆既日食パーティーをきっかけに、ハンガリーのオゾラ村で1週間にわたり開催されるサイケデリックトランスフェス。このシーンにおける世界最大級のギャザリングパーティーとして知られ、世界中からファンが集う。このフェスの東京版となるクラブイベントが2015年から毎年開催されているので、気になる人はまず参加してみよう。

Schedule | スケジュール
8月上旬（2019年は7月29日〜8月4日）

Venue | 開催地
Dádpuszta

City & Country | 開催都市・開催国
Ozora, Hungary

Artist | 最近の出演アーティスト
Ace Ventura, Astrix, Acid Pauli, Liquid Soul, Lunatica, Ritmo

Website | ウェブサイト
ozorafestival.eu

ハイドアウト・フェスティバル
Hideout Festival

クロアチアのパグ島で開催されるダンスミュージックフェス。会場となるパグ島のズルチェビーチは、ザグレブからバスとフェリーで約4〜5時間。第二のイビサとも称されるパーティーアイランドを舞台に、昼はプールパーティーやボートパーティー、夜は屋外ステージにて、世界的なDJによるプレイを楽しめる。

Schedule | スケジュール
7月上旬（2019年は7月1日〜5日）

Venue | 開催地
Zrce Beach

City & Country | 開催都市・開催国
Novalja, Croatia

Artist | 最近の出演アーティスト
Jamie Jones, Hannah Wants, Bicep, Richy Ahmed, MK, Chase & Status

Website | ウェブサイト
www.hideoutfestival.com

ディメンションズ・フェスティバル
Dimensions Festival

要塞跡地で5日間にわたって開催されるフェス。舞台となるプンタ・クリスト要塞跡地は、直径70mを超える巨大な地下壕で、四方を壁に囲まれたステージならではの独特の音の響きが特徴。第二次世界大戦中に建設された地下トンネルでパーティーなども行われる。下記のアウトルック・フェスティバルと近い日程なので、二つをあわせて楽しむのもあり。

Schedule | スケジュール
8月下旬（2019年は8月28日〜9月1日）

Venue | 開催地
Fort Punta Christo

City & Country | 開催都市・開催国
Pula, Croatia

Artist | 最近の出演アーティスト
Jeff Mills, Blawan, Nina Kraviz, Kraftwerk 3D, Bonobo, Ben UFO

Website | ウェブサイト
dimensionsfestival.com

アウトルック・フェスティバル
Outlook Festival

クロアチア・プーラで開催される世界最大級のベース・ミュージックとサウンドシステム・カルチャーのフェス。古代ローマ時代の遺跡を多く残す歴史ある街ということもあり、オープニング・ナイトでは、円形闘技場がステージに変貌。期間中には要塞跡地やアドリア海に面したビーチ、さらに船上でもパーティーが開催される。

Schedule | スケジュール
9月上旬（2019年は9月4日〜8日）

Venue | 開催地
Fort Punta Christo

City & Country | 開催都市・開催国
Pula, Croatia

Artist | 最近の出演アーティスト
Andy C, Chase & Status, Loyle Carner, Bonobo, J Hus

Website | ウェブサイト
outlookfestival.com

アニー・マック・プレゼンツ・ロスト・アンド・ファウンド・フェスティバル
Annie Mac Presents: Lost & Found Festival

BBCの番組ホストを務め、DJとしても活躍しているAnnie Mac主催のフェス。地中海に浮かぶ小さな島国マルタを舞台に、昼間はビーチやプール、夜は屋外ステージやクラブで数多くのパーティーが繰り広げられる。Annie Macの豊富なネットワークによって、大物やサプライズの登場も多い。

Schedule | スケジュール
5月上旬（2019年は5月2日～5日）

Venue | 開催地
St Paul's Bay

City & Country | 開催都市・開催国
Malta

Artist | 最近の出演アーティスト
Annie Mac, The Black Madonna, Chase & Status ,Octavian

Website | ウェブサイト
lostandfoundfestival.com

イグジット・フェスティバル
Exit Festival

セルビア第2の都市ノビサドで開催される、ヨーロッパを代表する大規模フェス。17世紀バロック様式のペトロバラディン要塞が会場となり、ヨーロッパ各国から多くの人が集まる。かつて紛争状態だったセルビアの政治体制に対する学生の反発から生まれた歴史を持ち、国民にとっての「自由の象徴」と評されることも。

Schedule | スケジュール
7月上旬（2019年は7月4日～7日）

Venue | 開催地
Petrovaradin Fortress

City & Country | 開催都市・開催国
Novi Sad, Serbia

Artist | 最近の出演アーティスト
The Cure, Sofi Tukker, Grace Jones, Dimitri Vegas & Like Mike

Website | ウェブサイト
www.exitfest.org/en/

メドウ・イン・ザ・マウンテン
Meadows In The Mountains

ブルガリア南部のロドピ山脈の標高850mの絶景のなかで行われる野外フェス。エコ意識が高く、ステージやアート作品は地元の木材でつくられる。メジャーアーティストの出演は多くないが、開放的な空間でダンスミュージックに加え、ファンク、ジャズ、カントリーなど幅広いジャンルを楽しめる。小規模ながら、口コミで人気を高めている。

Schedule | スケジュール
6月上旬（2019年は6月6日～9日）

Venue | 開催地
Rhodope Mountains

City & Country | 開催都市・開催国
Polkovnik Serafimovo, Bulgaria

Artist | 最近の出演アーティスト
Nick The Record, RAMZi, Idjut Boys, Commix

Website | ウェブサイト
www.meadowsinthemountains.com

フロー・フェスティバル
Flow Festival

フィンランド・ヘルシンキで行われる音楽×アートをテーマにしたフェス。ヘルシンキ近郊の工業地帯の巨大な旧発電所を舞台に、メジャーな音楽ラインナップとともに地元の美大生などによるアート展示も楽しめる。工業地帯という立地や建物を活かした、ステージ装飾や照明も魅力。

Schedule | スケジュール
8月中旬（2019年は8月9日～11日）

Venue | 開催地
Parrukatu

City & Country | 開催都市・開催国
Helsinki, Finland

Artist | 最近の出演アーティスト
Arctic Monkeys, Kendrick Lamar, Bonobo, St. Vincent, Patti Smith

Website | ウェブサイト
www.flowfestival.com/en/

オイヤ・フェスティバル
Øyafestivalen

ノルウェーの首都オスロで開催される都市型フェス。世界一クリーンなフェスと評されるほど、環境意識が高く、フェスで使う電力はサステイナブルな資源でまかなわれる。また会場内で提供されるフードはほぼオーガニック食材。コンパクトな会場にもかかわらず、その年のフェスシーンを代表する大物が集い、かなり近距離で観ることができるのも魅力。

Schedule | スケジュール
8月上旬（2019年は8月6日〜10日）

Venue | 開催地
Tøyenparken

City & Country | 開催都市・開催国
Oslo, Norway

Artist | 最近の出演アーティスト
The Cure, Arcade Fire, Arctic Monkeys, Kendrick Lamar, Lykke Li, Patti Smith

Website | ウェブサイト
oyafestivalen.no

ウェイ・アウト・ウエスト
Way Out West

©Hilda Arneback

スウェーデン・ヨーテボリにて開催される都市型フェス。スカンジナビア半島最大規模のフェスで、隣国開催で、上記のオイヤ・フェスティバルと同時期なのでラインナップが重なることが多く、環境意識が高いという点でも似ている部分が多い。さらに、このフェスは食や環境について考えてもらうため、提供される食事は、ベジタリアンフードのみ。

Schedule | スケジュール
8月中旬（2019年は8月8日〜10日）

Venue | 開催地
Slottsskogen

City & Country | 開催都市・開催国
Gothenburg, Sweden

Artist | 最近の出演アーティスト
Cardi B, The Cure, James Blake, Arcade Fire, Arctic Monkeys

Website | ウェブサイト
www.wayoutwest.se

シークレット・ソルスティス
Secret Solstice

©Tobias Stoffels-Neon Photography

アイスランドの首都レイキャビクにて、夏至のタイミングで開催される野外フェス。1日中ほぼ太陽が沈まない白夜の体験と音楽を楽しむことができる貴重なフェス。2018年にはプライベートジェット移動、出演者によるプライベートライブ、ヘリツアーなどの超高級サービスがついた1億円以上のチケットの販売も話題となった。

Schedule | スケジュール
6月下旬（2019年は6月21日〜23日）

Venue | 開催地
Laugardalur

City & Country | 開催都市・開催国
Reykjavík, Iceland

Artist | 最近の出演アーティスト
Martin Garrix, Rita Ora, Slayer, Stormzy

Website | ウェブサイト
secretsolstice.is

アイスランド・エアウェイブス
Iceland Airwaves

11月のレイキャビクで開催される都市型フェス。メインとなるホール「HARPA」を中心に、美術館、レコード屋、ホテルのラウンジ、さらに世界最大の露天温泉ブルーラグーンなど、街の中心地のありとあらゆる場所が会場に。BjörkやÁsgeir級の大物から学生バンドまで、アイスランド出身のアーティストを堪能できる。

Schedule | スケジュール
11月上旬（2019年は11月6日〜9日）

Venue | 開催地
Various Venues

City & Country | 開催都市・開催国
Reykjavík, Iceland

Artist | 最近の出演アーティスト
Mac DeMarco, Whitney, Blood Orange, Superorganism

Website | ウェブサイト
icelandairwaves.is

成長著しいアジアのフェスシーン
北半球のオフシーズンに夏フェス気分を満喫！

アジア・オセアニアのフェスティバル
Asia & Oceania

海外フェスデビューにおすすめなのが、アジアのフェス。特に、香港、韓国、台湾などの近隣諸国だと、格安航空などをうまく使えば、国内旅行と変わらない費用と日程で参加可能。さらに年間を通して暖かい東南アジアや、北半球と季節が逆になるオーストラリアでは年末年始にもフェスが充実しており、年々出演アーティストも豪華になっているのも最近の傾向。欧米のフェスにハードルを感じる人はまずはアジアのフェスに参加してみよう！

セント・ジェロームズ・レーンウェイ・フェスティバル
St Jerome's Laneway Festival

オーストラリア、ニュージーランド、シンガポールの3カ国7都市を巡回して開催される1DAYの都市型フェス。1月末から2月にかけて行われ、その年のフェスシーンを賑わす旬なラインナップが毎年揃う。日本からだとシンガポールが行きやすく、週末だけで気軽に参加できるが、残念ながら2019年は延期がアナウンスされた。

Schedule | スケジュール
1月下旬〜2月上旬

Country | 開催国
Australia, New Zealand, Singapore

Artist | 最近の出演アーティスト
Florence + the Machine, Mitski, Billie Eilish, Bonobo, Wolf Alice

Website | ウェブサイト
lanewayfestival.com

スプレンダー・イン・ザ・グラス
Splendour in the Grass

オーストラリア最東端に位置するバイロンベイにて開催される野外フェス。7月末開催のため季節は冬になるが、昼間は20℃近くになるので半袖でも過ごせる。フジロックの前週に行われるので、出演者が重なることも多い。また、リトルスプレンダーチルドレンズフェスティバルという子ども向けのコンテンツもあり、家族連れが多いのも特徴。

Schedule | スケジュール
7月中旬（2019年は7月19日〜21日）

Venue | 開催地
North Byron Parklands

City & Country | 開催都市・開催国
Yelgun, New South Wales, Australia

Artist | 最近の出演アーティスト
Kendrick Lamar, Lorde, Vampire Weekend, Khalid

Website | ウェブサイト
splendourinthegrass.com

フォールズ・フェスティバル
Falls Festival

オーストラリアで25年以上続く老舗フェス。年末年始に行われるが、日本とは季節が逆なので暖かい環境で過ごせる。北半球はフェスのオフシーズンなので、オーストラリアのアーティストはもちろん、欧米の大物も多く出演。国内4カ所で開催されるが、個人的におすすめなのはメルボルンから海岸線を2時間程度走った場所にあるローン会場。

Schedule | スケジュール
12月下旬〜1月上旬

City & Country | 開催都市・開催国
Lorne & Marion Bay & Byron Bay & Farmantle, Australia

Artist | 最近の出演アーティスト
Anderson .Paak & The Free Nationals, Catfish and the Bottlemen, Vance Joy

Website | ウェブサイト
fallsfestival.com/lorne/

イッツ・ザ・シップ
It's The Ship

©It's The Ship

2014年にスタートしたアジア最大級のクルージングフェス。約4,000人の乗客とともに船上で3日間を過ごす。DJによるプレイの他、ウォータースライダー、ボーリング場、カジノなども連日連夜楽しめる。2019年には日本初上陸も予定されている。アメリカ・フロリダ発のホーリー・シップ（→P.126）もあわせてチェック！

Schedule | スケジュール
11月中旬（2019年は11月13日〜15日）

Venue | 開催地
The Genting Dream

City & Country | 開催都市・開催国
Marina Bay Cruise Centre, Singapore

Artist | 最近の出演アーティスト
Cash Cash, Paul van Dyk, Big Shaq, Sander van Doorn, Showtek, Vini Vici

Website | ウェブサイト
www.itstheship.com

ズークアウト
ZoukOut

©ZoukOut

毎年12月にシンガポール・セントーサ島のシロソビーチで開催されるダンスミュージックフェス。シンガポール最大級の老舗クラブ「ZOUK」主催で、EDM系の大物を筆頭にハウス、テクノ、ヒップホップのアーティストがラインアップされる。12月でもシンガポールの最高気温は30℃以上。年の瀬に夏フェス気分を味わえる。

Schedule | スケジュール
12月上旬（2018年は12月1日）

Venue | 開催地
Siloso Beach

City & Country | 開催都市・開催国
Sentosa, Singapore

Artist | 最近の出演アーティスト
Dimitri Vegas & Like Mike, Galantis, Jeffrey Sutorius, KSHMR

Website | ウェブサイト
www.zoukout.com

グッド・バイブス・フェスティバル
Good Vibes Festival

©Shigeharu Sasaki

クアラルンプール郊外のゴートン・ジャヤという高原で開催される野外フェス。出演アーティスト数はそこまで多くないが、アジアではなかなか揃わないトレンドを押さえた欧米勢が毎回ラインアップされるのが特徴。2017年はPhoenix、2018年はLordeがヘッドライナーとして出演した。

Schedule | スケジュール
7月中旬（2018年は7月21日〜22日）

Venue | 開催地
The Ranch, Gohtong Jaya

City & Country | 開催都市・開催国
Genting Highlands, Malaysia

Artist | 最近の出演アーティスト
Lorde, ODESZA, alt-J, The Neighbourhood, Nick Murphy

Website | ウェブサイト
www.goodvibesfestival.com

サンバーン・フェスティバル
Sunburn Festival

©The Moneta

インド・ゴア発の大規模ダンスミュージックフェス。現在はインド中西部のプネー（ムンバイ郊外）で年末に開催されている。EDM系の大物と派手な演出が特徴。過去にはスター・ウォーズがテーマのステージが設置されるなど、新しい取り組みも多い。2019年2月には、もともとの開催地であるゴアでサンバーン・クラッシックが開催された。

Schedule | スケジュール
12月下旬（2018年は12月29日〜31日）

Venue | 開催地
Oxford Golf Resort

City & Country | 開催都市・開催国
Pune, India

Artist | 最近の出演アーティスト
Axwell Λ Ingrosso, Armin van Buuren, DJ Snake, Alan Walker, Vini Vici

Website | ウェブサイト
sunburn.in

ウィー・ザ・フェスト
We The Fest

ジャカルタ東部にある国際展示場で開催されるフェス。同タイミングでマレーシアのグッド・バイブス・フェスティバル（→P.163）、翌週には日本でフジロックが開催されているため、それらと同様のラインナップが楽しめる。2018年にはアジアで唯一SZAが出演するなど、ここでしか見られないアーティストも。

Schedule | スケジュール
7月中旬（2019年は7月19日～21日）

Venue | 開催地
Jiexpo Kemayoran

City & Country | 開催都市・開催国
Jakarta, Indonesia

Artist | 最近の出演アーティスト
Lorde, SZA, James Bay, ODESZA, alt-J

Website | ウェブサイト
www.wethefest.com

ジャカルタ・ウェアハウス・プロジェクト
Djakarta Warehouse Project

インドネシア・ジャカルタ（2018年はバリ島）で開催されるEDMを中心としたダンスミュージックフェス。暑い気候を考慮し、夕方から朝方までの時間帯で行われる。10周年を迎えた2018年は「DWP X」と題し、ヘッドライナーにThe Weekndを抜擢。欧米系のDJが多いが、ローカルやアジア圏の人気アーティストも出演する。

Schedule | スケジュール
12月上旬（2018年は12月7日～9日）

Venue | 開催地
GWK Cultural Park

City & Country | 開催都市・開催国
Bali, Indonesia

Artist | 最近の出演アーティスト
The Weeknd, Afrojack, Bassjackers, Armin van Buuren, Baauer, Alesso

Website | ウェブサイト
www.djakartawarehouse.com

エスツーオー・ソンクラーン・ミュージック・フェスティバル
S2O Songkran Music Festival

タイの伝統行事である水かけ祭りとDJパフォーマンスが組み合わさった、新感覚のずぶ濡れフェス。EDM系のトップクラスDJが多く出演し、ここ数年はチケットが完売する人気ぶり。メインステージから放たれる水の量は圧巻の一言。2018年には東京・お台場にて日本版も開催された。くれぐれも防水対策は万全に。

Schedule | スケジュール
4月中旬（2019年は4月13日～15日）

Venue | 開催地
Live Park (Rama 9)

City & Country | 開催都市・開催国
Bangkok, Thailand

Artist | 最近の出演アーティスト
Afrojack, Yellow Claw, Fedde le Grand, Oliver Heldens, Dj Snake, Kaskade

Website | ウェブサイト
www.s2ofestival.com

ビッグ・マウンテン・ミュージック・フェスティバル
Big Mountain Music Festival

バンコクから車で2～3時間のリゾート地で開催されるタイ最大級の野外フェス。「Mun Yai Mak」（Mun=狂気、Yai =巨大、Mak=多数）というコンセプトで、2日間で200以上のパフォーマンスが行われる。地元タイ出身のアーティストの他、欧米や日本からの出演も多く、2018年にはSuchmosが出演した。

Schedule | スケジュール
12月上旬（2018年は12月8日～9日）

Venue | 開催地
Kaeng Krachan Country Club

City & Country | 開催都市・開催国
Phetchaburi, Thailand

Artist | 最近の出演アーティスト
Bodyslam, Big Ass, LABANOON, Clash, Suchmos

Website | ウェブサイト
www.bigmountainmusicfestival.com

ワンダーランド・ミュージック・アンド・アーツ・フェスティバル
Wanderland Music & Arts Festival

フィリピンの首都マニラ近郊のモンティンルパという街で開催される野外フェス。3月のマニラは最高気温が30℃を超すので一足先に夏フェス気分を味わえる。ちょうど乾季なので雨の心配がないのも嬉しい。インディーロック系ではアジア随一のラインナップが揃い、2019年は、Two Door Cinema Club, The Kooksらが出演。

Schedule | スケジュール
3月中旬 (2019年は3月9日〜10日)

Venue | 開催地
Filinvest City Events Grounds

City & Country | 開催都市・開催国
Metro Manila, Philippines

Artist | 最近の出演アーティスト
Two Door Cinema Club, The Kooks, HONNE, Alina Baraz, Clairo

Website | ウェブサイト
wanderlandfestival.com

エピゾード・フェスティバル
Epizode Festival

ベトナムの最西端のフーコック島にて、年をまたぐ11日間にわたり開催されるダンスミュージックフェス。2016年にスタートした新鋭のフェスだが、2018年には、Carl Cox、Richie Hawtinといったビッグネームを招聘。2019年には、Nina Kraviz、Seth Troxlerらが出演し、アジアのリゾートフェスとして知名度を高めている。

Schedule | スケジュール
12月下旬〜1月上旬
(2018年は12月28日〜2019年1月8日)

Venue | 開催地
Sunset Sanato Beach

City & Country | 開催都市・開催国
Phu Quoc Island, Vietnam

Artist | 最近の出演アーティスト
Nina Kraviz, Ricardo Villalobos, Seth Troxler, Sonja Moonear, Mr. G

Website | ウェブサイト
epizode.com

ソウル・ジャズ・フェスティバル
Seoul Jazz Festival

ソウル市内のオリンピックパークで開催されるジャズフェス。ジャズはもちろん、ジャンルに縛られない良質なラインナップが人気で、ここ数年でもChick Corea、Herbie Hancockといったジャズ界のレジェンドから、Jamiroquai、Mark Ronsonといった大物までがラインナップされている。

Schedule | スケジュール
5月中旬 (2019年は5月25日〜26日)

Venue | 開催地
オリンピック公園 (Olympic Park)

City & Country | 開催都市・開催国
ソウル特別市, 大韓民国

Artist | 最近の出演アーティスト
Ms.Lauryn Hill, Chris Botti, Iron & Wine, Clean Bandit, Rhye

Website | ウェブサイト
www.seouljazz.co.kr

インチョン・ペンタポート・ロック・フェスティバル
Incheon Pentaport Rock Festival

2006年にスタートした韓国最大級の野外ロックフェス。コンセプトは、音楽・情熱・環境配慮・DIY・友情。2018年は、Nine Inch Nails、Mike Shinoda (Linkin Park) といった、1週間後のサマーソニック出演を控えたアーティストも多くラインナップされる。日本のロックバンドの出演も多い。夏休みにサクっと海外フェス体験がしたい人におすすめ。

Schedule | スケジュール
8月上旬 (2018年は8月10日〜12日)

Venue | 開催地
ペンタポート公園 (Pentaport Park)

City & Country | 開催都市・開催国
インチョン広域市, 大韓民国

Artist | 最近の出演アーティスト
Nine Inch Nails, Jaurim, My Bloody Valentine, Hoobastank

Website | ウェブサイト
pentaportrock.com

プレイタイム・フェスティバル
Playtime Festival

©Playtime Festival

首都ウランバートル郊外で開催されるモンゴル最大級の野外フェス。2002年にスタートし、徐々に規模を拡大。モンゴルでフェスと聞くと馴染みがないかもしれないが、ローカルに加えて、欧米や日本のアーティストもラインナップされる。2019年には、The fin., LITEがヘッドライナーとして出演。

Schedule | スケジュール
7月上旬（2019年は7月5日〜7日）

Venue | 開催地
Gachunrt Village

City & Country | 開催都市・開催国
Ulaanbaatar, Mongolia

Artist | 最近の出演アーティスト
The fin., LITE, The Colors, Ariel Pink, Surug Huch, Khuh Tenger

Website | ウェブサイト
playtime.mn/en/

ストロベリー・ミュージック・フェスティバル
Strawberry Music Festival

音楽レーベルModern skyが2009年にスタートさせた中国最大級の野外フェス。上海のおしゃれな若者向けのフェスで、ヒップホップに特化したステージも人気。2018年には、イギリスからalt-J、日本から水曜日のカンパネラ、illionらが出演。出演者入れ替え方式で北京会場と同時開催される。会場は現金が使えず、WeChatPayがないとかなり不便。

Schedule | スケジュール
4月下旬（2018年は4月29日〜5月1日）

Venue | 開催地
上海灘運動公社, 北京漁陽国際滑雪場

City & Country | 開催都市・開催国
上海市, 中華人民共和国

Artist | 最近の出演アーティスト
alt-J, illion, The fin., Chinese Football, 水曜日のカンパネラ

Website | ウェブサイト
www.modernsky.com

メガポート・フェスティバル
Megaport Festival

台湾南部の高雄で開催される台湾最大級のロックフェス。台湾のメジャーアーティストはもちろん、南台湾のローカルバンドなども多く出演する。日本人アーティストも多く、2018年は、ACIDMAN、佐藤タイジ、サンボマスターらが出演。港町独特のゆったりとした雰囲気と台湾のロックの激しさの両方を味わうことができる。

Schedule | スケジュール
3月下旬（2019年は3月23日〜24日）

Venue | 開催地
高雄駁二芸術特区

City & Country | 開催都市・開催国
高雄市, 台湾

Artist | 最近の出演アーティスト
向井太一, 女王蜂, 打首獄門同好会, ACIDMAN, 04 Limited Sazabys

Website | ウェブサイト
www.megaportfest.com

オーガニック・フェスティバル
Organik Festival

©Organik Festival

台湾東部の花蓮市の海沿いで開催される野外フェス。台北を拠点にクラブイベントやレーベル運営を行っているSmoke Machineというクルーが制作。地元のアンダーグラウンドテクノシーンから絶大な信頼を集め、小規模ながらSNSを中心にじわじわと人気上昇中。GW期間中の開催なので日本人の参加も多い。

Schedule | スケジュール
4月下旬（2019年は4月26日〜29日）

Venue | 開催地
牛山呼庭 (Niushan Huting)

City & Country | 開催都市・開催国
花蓮市, 台湾

Artist | 最近の出演アーティスト
Barker & Baumecker, Agonis, Dorisburg, Blind Observatory

Website | ウェブサイト
www.smkmachine.com/ORGANIK-2018

圧倒的非日常を感じたいなら
南米やアフリカのフェスにも注目！

その他エリアのフェスティバル
Other Locations

欧米やアジア以外にも世界中の様々な場所で開催されている音楽フェス。なかでも、南米では、EDCやロラパルーザといったアメリカ発のフェスが複数箇所で開催されるなど、大規模なフェスも多く行われる。また、アフリカでは、モロッコのフェスシーンが注目を集めており、ヨーロッパからの来場者も多い。これらのフェスに参加する場合は、欧米よりも情報が少ないので、フェス以外にも国や街の情報を十分にチェックして参加しよう。

ロック・イン・リオ
Rock in Rio

1985年の初回から今にいたるまで、不定期開催が続く世界最大級の音楽フェス。ここ最近は奇数年はリスボン、偶数年はリオデジャネイロで開催されている。初回の1985年にはQueen、第2回の1991年にはPrinceも出演するなど、フェスシーンはもちろん、音楽シーンにも多大な影響を与えたフェス。遠いながらも行く価値十分！

Schedule | スケジュール
9月下旬
(2019年は9月27日〜29日／10月3日〜6日)

Venue | 開催地
Barra Olympic Park

City & Country | 開催都市・開催国
Rio de Janeiro, Brazil

Artist | 最近の出演アーティスト
P!nk, Muse, The Black Eyed Peas, Katy Perry, The Killers, Bruno Mars

Website | ウェブサイト
rockinrio.com/rio/en

コロナ・キャピタル
Corona Capital

2010年のスタート以降徐々に人気を高め、今ではメキシコを代表する大型野外フェスに成長。11月開催ということもあり、その年の振り返り的な要素と翌年の夏の動きも見え始めるラインナップが話題を集める。また最近は、メキシコ第二の都市グアダラジャラにて、5月にも同名の1DAYフェスが開催されている。

Schedule | スケジュール
11月中旬(2018年は11月17日〜18日)

Venue | 開催地
Autódromo Hermanos Rodríguez

City & Country | 開催都市・開催国
Mexico City, Mexico

Artist | 最近の出演アーティスト
Robbie Williams, Imagine Dragons, Nine Inch Nails, Lorde

Website | ウェブサイト
www.coronacapital.com.mx

マワジン・フェスティバル
Mawazine Festival

モロッコの首都ラバトで開催されるアフリカ最大規模のフェス。超メジャーアーティストが連日登場し、過去にはRod Stewart、Stevie Wonderといったレジェンドも出演。同時期にモロッコの南にあるエッサウィラという街で、グナワ音楽祭という世界的に人気の民族音楽の祭典が開催されているので、あわせて立ち寄るのもあり。

Schedule | スケジュール
6月下旬(2019年は6月21日〜29日)

Venue | 開催地
Various Venues

City & Country | 開催都市・開催国
Rabat, Morocco

Artist | 最近の出演アーティスト
The Weeknd, Bruno Mars, Jamiroquai, The Chainsmokers

Website | ウェブサイト
www.festivalmawazine.ma/en/accueil/

HOW TO | フェスの探し方
まずは行くフェスを決めよう

©rockstarphotographers (Sziget Festival)

01 出演アーティストで選ぶ

なんといっても日本には来ないアーティストが観られるのが、海外フェスの醍醐味。また好きなアーティストの出身地でライブを観るのもおすすめ。アーティストの公式サイトでスケジュールをチェック、または世界中のライブ情報を網羅している「Songkick」を活用しよう！
www.songkick.com

02 開催時期／季節で選ぶ！

とにかく海外フェスに行ってみたい！という人は、休みが取れる時期から選ぶのもあり。本書に掲載している2019年（もしくは2018年）の日程を参考にしつつ、念のため公式ホームページで最新の開催予定を確認してみよう。個人的なおすすめは、日本の梅雨にあたる時期。雨が多いので野外フェスの開催が少ないことに加え、本格的なフェスシーズンが始まる欧米では大規模なフェスが立て続けに開催される。また、南半球や東南アジアのフェスでは、日本の秋以降も夏フェス気分が満喫できる。

©Matthew Latham / shutterstock.com

03 開催場所／国で選ぶ

個人的にフェスを選ぶ際には、「行ってみたい国／エリア」から選ぶことが多い。最近は、どこの国でも、どんな時期でも、ある程度の規模のフェスが行われているので、フェス以外の観光や友人に会うといった目的から、「旅行＋α」としてフェスに行ってみるのもあり。アクセスのいい都市で開催されているフェスなら、旅行がてら気軽に1日だけ参加することもできる。

筆者が運営している海外フェスティバル情報サイト「feslavit」では、本書で紹介しきれなかったフェス情報や、実際に参加したフェスの詳細情報を掲載しているので、あわせてチェック。feslavit.com

04 アニバーサリーや一度きりのフェスに行こう！

アニバーサリーイヤー（周年）を迎えるフェスや一度きりのフェスは特におすすめ。そのフェスに縁のあるアーティストの出演や、その年だけのサプライズが行われる可能性も高い。2019年だと、アメリカ「ニューオーリンズ・ジャズ・アンド・ヘリテッジ・フェスティバル（→P.140）」、オランダ「ピンクポップ（→P.154）」がいずれも50周年のメモリアルイヤー。また一度きりのフェスだと、Paul McCartneyやBob Dylanらが集結した「デザート・トリップ」（2016年）も話題になった。2019年には、「愛と平和と音楽の3日間」とも称された伝説の野外フェス「ウッドストック」の50周年を記念したフェスも開催される。

05 フェスアワードをチェック

様々なメディアがその年のベストフェスを発表しているが、そのなかでも権威があるのが、「UK Festival Awards」と「European Festival Awards」。年末年始にフェス関係者とファン投票によって、その年のベストフェスなどが選ばれる。大規模、中規模、新規、さらにその年のベストラインナップやホスピタリティ部門など、多様なテーマでノミネート＆受賞が発表される。ちなみに2018年のUKのベストメジャーフェスは「ダウンロード・フェスティバル（→P.149）」、海外フェス部門ではハンガリーの「シゲト・フェスティバル（→P.100）」が選ばれた。

©rockstarphotographers (Sziget Festival)

06 フェスパスポートでフェス行き放題!?

一度お金を払えば、そのシーズンの世界中のフェスが行き放題という夢のようなパスが存在する。枚数限定にはなるが誰でも購入可能。発行元は、多くのフェスを主催する世界最大級のイベントプロモーター会社「Live Nation」。僕も2017年に購入し、パスを使って世界中のフェスを行脚。「ガバナーズ・ボール（→P.62）」、「EDC（→P.124）」、「ボナルー（→P.120）」など、有名フェスを含む、100以上のフェスが対象となっている。3つ以上参加したら元が取れる値段なので、まずは購入して、そこからじっくりフェスを選んでみよう！※2019年以降の発売は未定　festivalpassport.com

行くフェスが決まったら、フェス公式のアフタームービーをチェック！ステージの世界観から来場者のファッションまで、細かいポイントが詰まっているので、参加時のイメージを膨らまそう。個人的な2018年ベストムービーは、スペインの「プリマヴェーラ・サウンド（→P.156）」。

HOW TO | 手配の進め方
何よりもまずチケット押さえよう

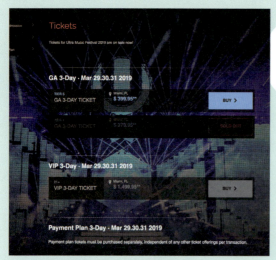

01 チケットの購入方法

海外フェス参加が決まったら、なるべく早くチケットを確保しよう。基本的にはどのフェスもインターネットで購入可能で、早い時期ほど低価格で買えるEarly Birdという制度が一般的。購入するとEチケット（バーコード）が発行されるので、スマホの画面提示or印刷した紙を持参すればOK。

02 チケットの受け取り／入場方法

フェス開催国以外でチケットを買った場合は、Eチケット（バーコード）を見せるとすぐに入場（リストバンド交換）できるパターンや、Will Callと呼ばれる入り口近辺の受付にチケットやリストバンドが取り置かれているパターンがある。「グラストンベリー（→P.42）」や「トゥモローランド（→P.32）」など一部のフェスは国際郵便で顔写真付きチケットやブレスレットが送られてくるので、それをそのまま持参すればOK。本人確認を求められることもあるので、会場へはパスポートも忘れずに。

人気フェスの場合、チケット販売前に個人情報の事前登録（Registration）が必要なこともあるので、公式サイトはこまめにチェックしておこう。

03 ホテルパッケージや旅行会社ツアーも

大型フェスでは、公式サイトでホテルと入場チケットがセットになったパッケージが販売されていることも多い。例えば「コーチェラ(→P.20)」の場合は、フェスの入場券、会場近辺のホテル、会場までのシャトルバス乗車券がまとまったプランが公式サイトから予約できる。値段は割高だが、ホテルの受付でリストバンドが引き換えられるなどのメリットがある。チケットや宿を個々に探して予約するのが面倒という人は、こういったパッケージを利用すると楽だろう。なかには日本の旅行代理店が、日本からの往復航空券を含むツアーパッケージを販売していたりもするので、はじめての海外フェス参加や英語に不安がある場合は、安心をお金で買ったと思って活用してみるのもあり。

04 チケットが売り切れていたらどうする?

人気フェスや出演アーティストによっては、チケットが売り切れになることもよくあるのが海外フェス。そんな時に利用したいのが、Viagogoをはじめとした二次流通サイト。日本よりも制度が進んでおり、TicketmasterのVerified Ticketsなど、フェスが公式に推奨しているサービスなどもあったりする。値段は少し高くなっていることもあるが、売り切れの際はサイトをチェックしてみよう。大抵問題ないが、何度かチケットが届かないといったトラブルにも見舞われたこともあったので、二次流通サイトは最後の手段として、できるだけ公式サイトから通常のチケットを購入したい。

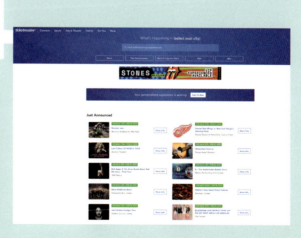

世界中のフェスに参加してきたなかで、チケット獲得が最も難しいフェスのひとつが「グラストンベリー(→P.42)」。公式サイトで一斉に販売が始まるが、参加希望者を募って複数人でチケット争奪戦に挑んだ方が獲得の確率も高くなる。

HOW TO | 旅程の立て方
宿も飛行機も、
早め早めが成功の秘訣！

宿　泊

チケットを押さえたら、次に決めたいのが宿泊先。チケットの購入時にホテルパッケージ（→P.171）を利用するのが楽だが、やや割高な場合もあるので、自分の旅のスタイルにあわせて、ベストな宿泊スタイルや滞在先の検討を。ほとんどのフェスは、公式サイトにもおすすめの宿泊方法（Accommodationという項目）が記載されているので、チェックしてみよう。

01 会場近隣に宿泊

都市型フェスだと、会場近くにホテルもたくさんある。ただし、会場からアクセスの良いエリアは宿も争奪戦となり、悩んでいる間に埋まってしまったり、値段が上がってしまうことも多いので、キャンセル料を確認して、とにかく早く押さえてしまうのがコツ。徒歩圏内は値段も高くはなるが、疲れたり、雨が降った際にもすぐ宿に避難できるので便利。

02 会場から離れて宿泊

会場から離れたところにしか宿がなかったり、夕方スタートのフェスで、会場入りする前に観光を楽しみたい場合などは、会場からあえて離れたところを選択するのもあり。その際のポイントは、フェス公式のシャトルバス発着地やアフターパーティー会場に近い宿を探すこと。ギリギリまで時間や場所が発表されない場合もあるが、例年と同じ場所になることが多いので、見当たらない場合は、1年前のSNS情報などもチェックしよう。シャトルバス発着所やパーティー会場から遠い宿しか取れなかった場合は、タクシーやUberの大まかな値段を調べておこう。

03 会場に宿泊（キャンプイン）

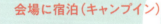

荷物の準備が大変だが費用は抑えられるのが、フェス会場でのキャンプ。小さめのテントとキャンプグッズを日本から持って行くのもいいが、海外フェスの会場ではテントなどもその場で購入できることが多い。フェス会場が都市に近い場合は、日本からの荷物は最低限にして、現地のアウトドアショップなどでキャンプグッズを購入するのもあり。また、既設のテントやロッジなどが有料プランで準備されていることもあるので、事前に公式サイトをチェックしよう。

○ メリット	× デメリット
●値段が抑えられる ●他のキャンパーと仲良くなれる ●移動時間がないので、早い時間からフェスを楽しめる	●荷物が多くなる ●シャワーに長時間並んだり、費用がかかることもある ●天候に左右される

今の時代、宿泊の選択肢はホテルだけではない。フェス期間中は、AirbnbやHomeAwayで、その期間だけ部屋を貸し出している地元民も多い。特に大人数での参加の場合、ホテルより割安になるケースも多いので、チェックしてみて！
www.airbnb.jp | www.homeaway.com

アクセス

日本から開催国まで:

宿泊先とあわせて決めておきたいのが、日本から現地までのアクセス。とにかく飛行機は早めに押さえておくと値段も安く済むことが多いので、フェスを含めた前後の滞在の日程、宿泊先を確定させて、なるべく早めに動き出したい。格安航空会社も増えているので、スカイスキャナーなどの比較サイトで、価格や乗換回数、渡航時間から最適プランを決めよう。
https://www.skyscanner.jp

01 旅の拠点から会場まで:

都市型フェスであればあまり気にしなくていいが、郊外で開催されるフェスの場合は、行き方を事前にチェックしておこう。

空港から直でフェス会場へ向かう

大規模フェスの場合は、最寄りの空港からシャトルバスが出ていることが多い。1時間に何本あるかなども事前に発表される。

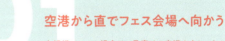

02 会場に近い都市からバス・電車で向かう

最も一般的なのが、フェス会場に近い街から公共交通機関を使ってフェス会場に向かう方法。近くの街には同じフェスの参加者が滞在していることが多いので、街なかで声をかけられることも!?

03 レンタカーを利用する

ヨーロッパやアジアで開催されるフェスは列車やバス移動が便利だが、アメリカは車社会なのでレンタカーの方が便利なことも多い。BGMを流しドライブを楽しみながら会場に向かえることや、途中の観光地にも自由に立ち寄れるのがメリット。国際免許を取得・持参の上、現地のレンタカーを予約しておこう。

宿や交通手段を検討する前に、単独でフェスに参加するか、誰かと一緒に参加するかも決めておこう。一人旅もいいが、複数人で参加すると宿やレンタカーの値段も抑えられる。もし単独の場合もSNSなどで同行者を募集してみてもいいかも。

HOW TO | 快適な過ごし方
海外フェス持ち物リスト、これでOK!

必 需 品

✓ パスポート
お酒を買う際に年齢確認が必要なフェスも多いので、常に持っておこう

✓ チケット／航空券
Eチケットの場合はスマートフォンで提示すればOK

✓ 現金
会場のATMが使えないこともあるので、いくらかは現地通貨を持参しておくこと

✓ クレジットカード（プラスマーク付き）
会場では機械の不具合などもたまにあるので、筆者はいつも2枚持参（VISA/MASTERCARD）。プラスマーク付きのものであればキャッシングも可能。海外旅行保険付きのものであれば、何かあった時にも安心

✓ スマートフォン
SIMフリーのスマホであれば現地、または事前にSIMカードを購入しておく。SIMフリーでなければWi-Fiルーターをレンタルするのもあり。フェス公式のアプリも事前にダウンロードしておくと便利

✓ モバイルバッテリー
現地では何かと調べものをしたり連絡を取り合うことも多く、普段より電池の減りが早くなるので、あった方が安心。小さいものだと持ち運びも楽

✓ 海外用プラグ／変圧器
国によってプラグの形が違うので、充電などする際には注意しよう。スマートフォンやPCなどは大丈夫だが、日本製の電化製品を使う際は変圧器も必要

✓ 防水バッグ／ジップロック
フェス会場を移動する際に、荷物を入れる小さなリュックなどがあると便利。初めての土地では天候が読めないことも多いので、防水・撥水のものがおすすめ。小物を入れるジップロックもあるとパスポートやお金なども入れられて便利

✓ キャンプグッズ
P.172でも説明した通り、最低限のアイテム以外は現地での購入がおすすめ。あまりにも荷物が多いと、移動が大変で旅が楽しめなくなるので注意。

服 装

自由なスタイルで身軽に楽しむのが海外フェス
日本のフェスのようなガチガチのアウトドア仕様の服装で参加する人は、ほとんどいない。P.72のように自由におしゃれして、ラフな服装で楽しむのが海外フェス。足りないものはたいてい現地で購入可能なので、あまり日本から大量に荷物を持っていく必要はない。荷物が多くなった場合は、会場内に荷物預かりのロッカーがあることも多いので、預けてしまって身軽にフェスを楽しもう。

寒暖差が激しいので防寒対策を！
欧米のフェスは日本と比べると昼夜の気温差が大きいことが多い。深夜まで開催される場合、気温差は20℃近くになるなんてことも！事前に気温や天候をチェックして、上着などの防寒具は必ず準備しておこう。また、雨に濡れると身体が一気に冷えるので、余裕があれば雨具も持参しておきたい。忘れた場合でも簡易的なカッパが現地で買えるので、雲行きが怪しい時は早めにゲットしておくとよい。

日焼け対策アイテム
欧米の夏は日本より日差しが強いことが多いので、帽子やサングラスなど、日焼け対策は万全に。日焼け止めもあった方がよい。

靴はとにかく歩きやすいもの
とにかく靴は履きなれた、歩きやすいものをチョイスしよう。キャンプフェスはもちろん、都市型フェスでも砂埃などで汚れることが多いので、汚したくないものは避けた方がベター。

持っていくと人気者になれる？
海外フェスで人気のinstax(チェキ)を持っていこう！

FUJIFILM
instax

©Rachael Wright (The Governors Ball)

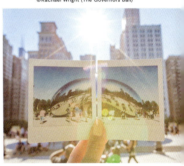

POINT: 1
あえてのアナログ感がいい！

世界中のフェスをめぐっていると、その年のファッションやガジェットの流行が見えてくる。そんななかで、ここ数年フェス会場でよく見かけるのがinstaxのカメラ。日本ではチェキという名称で若者に人気のカメラだが、スマホ全盛期の今、あえてフィルムを楽しめるアナログなカメラを海外フェス会場でよく見かける。ニューヨークの「ガバナーズ・ボール（→P.62）」では、エントランスに撮ったフィルムを貼り付けるモニュメントがあったり、ポーランド「オープナー・フェスティバル（→P.158）」のinstaxブースでは、撮影待ちで長蛇の列ができていたほど。

POINT: 2
持っていると人気者に!?

あまり荷物を増やしたくない海外フェスだが、毎回欠かさず持っていくinstax。フェスの様子を撮影して残しておくという以外に、言語の壁を越えたコミュニケーションツールにもなる。実際にフェス会場を歩きながら景色を撮影していると、威勢のいいグループに撮ってくれと頼まれ、撮ったフィルムをプレゼントしてあげたところ、胴上げされたことも（笑）。最近はスクエアフォーマットのフィルムやプリントする画像を選べるデジタル型のinstaxも人気なので、ぜひチェックしてみてほしい。英語を勉強するよりも、instaxを持っていった方が友達をつくれるかも？

PRODUCTS

instax SQUARE SQ6
スクエアフォーマットのフィルムが人気
「オートモード」や「セルフィーモード」
も搭載

instax SQUARE SQ20
撮影した画像を選んでプリント
動画で撮って好きなシーンも選べる

Cheki Pressではフェス旅で訪れた街をまとめたフォトコラム「World Cheki Snap」を連載中！
https://instax.jp/cheki-press/

HOW TO | よくあるQ&A

Q&A

Q 日本のフェスとの違いって？

なにより、日本では揃うはずのないラインナップやサプライズに期待できるのが海外フェスの魅力のひとつ。また、参加する国によってそれぞれの違いがあるが、イギリス人のシンガロング（大合唱）の大きさ、アメリカ人のヒップホップの上手さ（隣にいた年配の女性が超早口のラップを暗唱なんてことも！）は毎度驚かされる。他にもあげればキリがないが、参加者の自由さ（ライブ中に大声で話すのもご愛嬌）は日本のフェスでは体験できないだろう。

Q 現地語が話せないけど大丈夫？

もちろん話せるに越したことはないが、最低限の挨拶や単語程度でひとまず大丈夫。ただ、好きなアーティストの話など、共通の話題も多いはずなので、思い切って話しかけてみると世界中に友達ができるかも。

Q ゴミがすごいって聞いたけど……

驚くほどゴミが散乱しているフェスもあるが、日本のフェスと同じくらいクリーンなフェスもある。ヘッドライナーが済んだあとのメインステージの地面や、フェス終わりのキャンプサイト（テントや椅子などのアウトドアグッズを持ち帰らない人も結構いる）は、ある意味、海外フェス感を存分に感じられる光景かも。

Q 治安はどう？

日本のフェスと比べると、注意するべき点はたくさんある。なかでも一番気をつけたいのがスマホの盗難。海外の観光地にいる時と同じだが、机の上に置きっ放しにしたり、場所取りに置いておくのもNG。他にも、バッグを切られて貴重品を盗まれることもあったので、楽しい場所とはいえ最低限の注意はしておこう。

Q 酔っ払いは多いの？

日本も含め、どこの国にも酔っ払いはいるが、個人的な印象ではヨーロッパのフェス（特にイギリス人）のビール消費率が異常に高い。逆にアメリカは州によっては、飲酒エリアが分けられているなど、あまり酔っ払いを見かけないなんてことも。

Q フェス飯は美味しい？

正直日本のフェスに比べると平均的にレベルは下がるが、海外ならではのフェス飯も楽しみのひとつ。失敗しないポイントは、その国の人がちゃんと調理しているか（アジア料理なら厨房にアジア人がいるか）をチェック。あとは、近くで食べている人のお皿を見て、具材や量を確認、美味しいか直接聞いてみるのもあり。

Q 予算って最低いくらぐらい？

大きなところでいうと、チケット、飛行機、宿の3つ。ただ、飛行機、宿は早ければ早いほど安い。欧米の都市型フェス参加だと、飛行機10万、宿4泊5万、チケット3万、その他現地食事代など、もろもろで20万強くらいを目安に。アジアだと、格安航空を使えば5〜10万あれば十分楽しめる。

Q これまでのフェスで困ったことは？

A-1: 田舎の小さなフェスに参加した時に、シャトルバスがまったく来なかった。海外では日本のように時間通りに電車やバスを期待してはいけない。いちいちイライラせず、ゆったりとした気持ちで、そんな時間すらのんびりと楽しもう。

A-2: スマホ泥棒に間違われて全身をチェックされるなど、差別的な態度を取られたことも。5年以上海外フェスを旅して1、2回あった程度なので、そこまで心配しなくていいが、何かあった際は周りの人に声をかけたり、公式のインフォメーションに寄って仲介してもらおう。

A-3: チケットの二次販売サイトで3日券のチケットを買ったら、1日券が送られてきた。気づいたのがフェス前日だったので対応してもらえず結局新しいチケットを買い直す羽目に。その後、諦めずにメールし続けたら後日全額が保障してもらえた。こちらに非がなければ海外でも泣き寝入りしないこと！

Q 女子一人参加でも平気？グループの方が安全？

日本から女性一人、もしくは女性だけで参加している人を、フェス会場で見かけることも増えている。通常の海外旅行と同様、気をつけるべきところは気をつけておけば、特別危険ということはないが、不安な場合は、はじめは複数人で参加してみてもいいかも。

Q 出会いはある？

日本人（アジア人）というだけで、珍しがられて話しかけられることもある。特にキャンプフェスの場合は、近くのキャンパーと会話することも多いので、仲良くなれる可能性も高い。特に女性は声をかけられることも多いかもしれないが、基本は音楽好きやフェス好きが多いので、あからさまに不審者ではない限り、そこまで警戒しなくてもOK。

あとがき

2013年6月、はじめて行ったグラストンベリーから帰る飛行機の中で、働いていた会社を辞めることを決意して、帰国した次の日に辞表を出した。海外フェスの魅力に取り憑かれたといえば響きはいいが、完全に見切り発車のノープランで、まずはフェス大国イギリスに移住することにした。

ロンドンを中心に、ヨーロッパのフェスを旅する日々を過ごしていると、面白がってくれる人や仲間も増えていって、ヨーロッパだけでなく、アメリカやアジアのフェスにも足を運ぶようになった。正確に言えばフェスが色んな場所に連れて行ってくれた。フェスがないと行くことがなかったような場所や国を訪れ、フェスがきっかけで色んな国籍の友人もできた。そして、フェスだけでなく、前後で滞在する街や国を楽しむようになり、「フェス旅」というスタイルも生まれた。

もともと、「旅行好き」と言えるようなタイプでもなかったし、英語もたいして話せなかった自分にとって、海外フェスなんて夢のまた夢。「いつかは行ってみたいけど、行かないまま人生を終えるんだろう」なんて思っていた自分の人生を変えてくれた"海外フェス"。

あの時の自分のように「いつかあの場所に行ってみたい」とか「いつかあのアーティストを観てみたい」と思っている人の"いつか"をふき飛ばしたい。大好きなアーティストが日本に来ないと嘆く暇があったら、こちらから出向いてやればいい。SNSで世界中のどこの景色だってすぐに見られるような時代だからこそ、その場所に行かないと分からないことがある。好きなものがあれば、僕たちはどこへだって行ける。

そんな想いで作ったこの本をきっかけにして、一人でも多くの人が海外フェスに足を運んでくれたら幸いです。この本を読んでくれたあなたと世界のどこかのフェスで乾杯できる日を夢見て!

津田 昌太朗

THE WORLD FESTIVAL GUIDE
海外の音楽フェス完全ガイド

2019年4月1日　第1刷発行

著者　津田昌太朗
編者　伊澤慶一
PR　TABIPPO

発行者　木村行伸
発行所　いろは出版
〒606-0032
京都市左京区岩倉南平岡町74番地
Tel 075-712-1680　Fax 075-712-1681

いろは出版　本田琢馬　奥村紫芳　橋住朋
印刷・製本　日経印刷
装丁・デザイン　森田明宏
Special Thanks　Ai Matsuura (Festival Junkie Photographer)
　　　　　　　　Aya Horne, George Tsuda, Hirotsugu Tobe, Rina Suzuki
　　　　　　　　Taisuke Yamada, Tomo Tachikawa, Yu Tsubaki, Yuya Eto
　　　　　　　　Festival Life, Live Nation, Qetic, SOIL & "PIMP" SESSIONS

©Shotaro Tsuda, 2019, Printed in Japan
ISBN 978-4-86607-089-6

乱丁・落丁本はお取替えします。
本書の無断複写(コピー)は著作権法上での例外を除き禁じられています。

https://hello-iroha.com　letters@hello-iroha.com

この本に掲載している情報は、2019年1月現在のものです。
今後変更されることもありますので、ご旅行前には最新の情報をご確認ください。
また、情報掲載による損失などの責任は負いかねますので、あらかじめご了承ください。